# 新百年新中國

張維為———

著

| | | |
|---|---|---|
| **責任編輯** | 江其信 | |
| **封面設計** | 吳冠曼 | |

| | | |
|---|---|---|
| **書　　名** | 新百年新中國 | |
| **著　　者** | 張維為 | |
| **出　　版** | 三聯書店（香港）有限公司 | |
| | 香港北角英皇道 499 號北角工業大廈 20 樓 | |
| | Joint Publishing (H.K.) Co., Ltd. | |
| | 20/F., North Point Industrial Building, | |
| | 499 King's Road, North Point, Hong Kong | |
| **香港發行** | 香港聯合書刊物流有限公司 | |
| | 香港新界荃灣德士古道 220-248 號 16 樓 | |
| **印　　刷** | 中華商務彩色印刷有限公司 | |
| | 香港新界大埔汀麗路 36 號 14 字樓 | |
| **版　　次** | 2024 年 4 月香港第 1 版第 1 次印刷 | |
| **規　　格** | 16 開（165 mm × 230 mm）216 面 | |
| **國際書號** | ISBN 978-962-04-5431-8 | |

本書中文繁體字版本由人民東方出版傳媒有限公司授權三聯書店（香港）有限公司
在中國內地以外地區獨家出版、發行。

# 目錄

# 建構中國話語，讀懂中國崛起

這些年來，我一直致力於用中國人自己的話語來解釋中國，讓更多的人讀懂中國。但讀懂中國不是一件容易的事，因為這個國家太大了。中國是一個超大型的國家。如果從人口規模角度來算的話，歐洲國家的平均人口大概是 1400 萬，而中國的總人口接近 14 億。中國大致上是 100 個普通歐洲國家加在一起的規模。所以讀懂中國往往面臨一個"盲人摸象"的窘境，每個人摸到的都只是大象的一部分——我摸到牠的耳朵，我就說牠像一個大扇子；你摸到牠的鼻子，你就說牠像一個圓筒。大家都對自己所掌握的某一個局部信息信誓旦旦，但其實都是不全面和不準確的。

要想真的讀懂中國，首先要理解人均的問題。比如，如果天氣預報說新加坡今天平均氣溫 35℃，大家都會認為可靠，因為新加坡的國土面積只有 724.4 平方公里，各地溫差不大。但如果說中國今天平均氣溫 35℃，大家就不會真的把當天溫度看成是 35℃，因為中國幅員遼闊，有約 960 萬平方公里的國土面積，東北平原和海南島肯定不是一個溫度。

我們經常聽到有人用"我國經濟總量很高，人均 GDP 還比較低"之類的話來解讀中國的現狀，講得多了，幾乎成為一種潛意識上的共識。但這種解讀方法其實面臨一些挑戰。

一個挑戰就是，我們的社會指標總體上其實是不錯的。比方說中國人的中位家庭淨資產，特別是我國發達板塊的，已經超過美國了，老百姓的家底比較豐厚。很多中國人實際上比美國人生活得好。另外從人均預期壽命、社會治安、人民對國家的滿意程度來看，也會發現類似的情況。中國人均 GDP 根據官方匯率統計並不是很高，但是我們的社會指標和百姓的滿意度，在國際上比較起來，總體還是比較高的。

這可以從多個角度來解釋。一個角度是，這正好證明了我們制度的優越性。另一個角度，也是我覺得比較重要的一點，就是我們 GDP 的計算方法與國外是有一些差異的，至少跟美國人用的方法不完全一樣。比如我們農村的大量經濟活動、城市的街頭產業鏈，我們很多的服務業實際上並沒有被納入統計範圍。所以我推測，可能是我們的統計方法，導致我們對自己的 GDP 有所低估。這只是我的一家之言，供大家參考。

我有時也在想一個更大的問題：我們對中國的解讀，怎麼才能從西方的指標體系中解放出來？西方的很多指標，是在西方的社會實踐中，或者西方自己的理論中產生的，現在直接應用到中國的實際中，往往會導致對中國產生各種各樣的誤讀。比如西方國家經常用的一個指標就是出境人數。根據我們的正式統計數據，2017 年中國出境人次是 1.3 億，這已經是世界上最大的出境人數了。但實際上我覺得還是有點保守。舉例來講，我們從北京坐飛機到上海需要大約兩個小時，這個時間在歐洲至少能飛過十個國家，因為歐洲都是小面積國家。所以在中國，嚴格地從經濟能力來說，凡是能夠坐飛機坐高鐵的，都是有能力出境的，特別是用歐洲標準來衡量的話。

另外，我們經常聽到"中等收入陷阱"這個詞，這是世界銀行提出的概念，我自己從來不用。世界銀行的報告會講，某年有 13 個國家或經濟體已經成功地越過了中等收入陷阱。我去看這是哪些國家，發現居然有赤道幾內亞，還有毛里求斯。赤道幾內亞的人均 GDP 十來年前就超過北京、上海，達到 2 萬美元。但是，至少在 15 年前，赤道幾內亞的城市居民還是有一半連自來水都用不上的。後來這個國家發現了石油，吸引了一些外國公司去投資，人均 GDP 一下子就上去了。另一個國家毛里求斯，面積很小，相當於我們國家一個縣的大小，靠經濟旅遊一項，它的 GDP 就可以上來，但碰到一場危機，GDP 就下去了。它們的情況，真的可以用"超越中等收入陷阱"來解釋嗎？

所以我覺得跨國比較要有一個規模的概念，否則恐怕連讀懂中國的門都進不去。把小國家跟中國放在一起比，有點像把螞蟻和大象放在一起比，這樣得出的結論，是很難令人信服的。小國家有長處也有弱點。我的一位新加坡朋友說他們現在人均 GDP 是挺高，卻如履薄冰，假如發生一個類似"9‧11"的事件，新加坡就完了。真是這樣的。它不像中國，有承受各種各樣災難的能力。中國即使發生了汶川地震這樣的大災難，國家經濟也還是紋絲不動的。這就是大小規模不一樣而產生的特點。

做跨國比較，我覺得還是要用實事求是的方法。我自己做政治學，知道在政治學等社會科學方面，西方主流學者做了很多努力，但是由於種種原因，他們還是讀不懂中國。以政治學為例，西方主流學者對中國的預測幾乎都是錯的。他們不僅沒有準確地預測中國的發展，甚至沒有預測到蘇聯的解體，更沒有預測到特朗普的上台。西方主流的經濟學者幾乎都沒有預測到 2008 年的金融危機。西方各種所謂社會科學套用自然科學，套用各種各樣的數學模式的方法，現在看來，根本無法解決人類社會豐富性和複雜性帶來的挑戰。

所以我老說中國學者或者我們整個學界，應該結束為西方話語"打工"的時代，所謂"破"字當頭，"立"在其中，用實事求是的方法，在解構西方話語的同時，建構中國自己的話語。

　　讀懂中國，需要有一種實事求是的精神和方法，需要前瞻性地研究問題。究竟中國現在發展到什麼階段，我們的指標體系要做哪些改進，特別是在"一帶一路"規劃下，中國以這麼大的規模走向世界。我們需要了解發展中國家，了解非洲，了解拉美，了解西方，準確地把握形勢，這樣才能形成一種真正的定力。我覺得這個定力是最重要的。

　　當然，我們還需要了解自己，準確認識到我們制度和模式的先進之處和特色之處。我在做節目時，有觀眾提問："改革開放 40 年來，中國的發展肯定有很大部分歸功於我們穩定的政治秩序。但是在此期間，也出現了很多新興利益集團，它們可能有不同的利益訴求。中國模式是怎麼把這些不同的新興利益集團吸納到現有的政治制度當中去，讓它們的利益訴求得到合理表達的呢？"

　　這是個很有水平的問題。我當時的回答是：如果你仔細看，實際上江澤民主政時期提出的"三個代表"，很大程度上就是為了解決這個問題。因為其中一個代表是"代表最廣大人民的根本利益"。而且中國共產黨是向新社會階層開放的，我不知道馬雲是什麼時候入黨的，但不管怎樣，馬雲也是中國共產黨的一員。

　　在我們國家的政協裏面，有個界別，就是新社會階層。中國用什麼方法把他們納入政治系統（或者我們稱之為協商民主系統）的？首先，是使他們成為我們協商民主的一部分。

　　另外我覺得我們黨有一個很好的傳統是"從群眾中來，到群眾中去"。我舉一個簡單的例子，比方説現在滴滴打車在中國是合法的，但在德國就是不合法的。因為 Uber 到德國之後，跟現有的出租車行業形成了衝突。對此，西方最典型的做法就是打官司。西方是所謂的法治社會，但只要在那裏生活過你就知道，它一般是有利於既得利益團體的，一般來説這個官司大概率是出租車行業贏。最終結果是 Uber 被禁止了。我知道現在德國和法國都是這樣的。但中國是把滴滴合法化了 —— 雖然它有不少問題，但是我們願意在發展中來解決新出現的問題。

這裏一個重要的條件就是，我們有一個協商民主的機制。滴滴可能在政協、在人大、在中國共產黨中央委員會都沒有代表，但它反映了一種新的社會需求或者新的利益。這是執政黨要考慮的問題。民意來了之後，我們把滴滴的經營者和出租車的經營者都請到市政府來座談，了解他們的訴求，我們也進行調研。幾個來回之後，找到了一個大家都能接受的方案 —— 傳統出租車行業能接受，滴滴能接受，公眾也能接受。這就是協商民主的成功案例。可能之後還會出現很多問題，但是這些問題都會在未來發展中逐一解決。我舉這個例子，就是想説明我們這個系統有辦法來處理這些問題。

在解決地區差異和貧富差距方面，我們也做了很多工作。我經常説，我們的指標體系要創新，不能完全用基尼係數，中國是一個超大型的國家，要有新的指標體系。中國大致是這樣：改革開放之初，鄧小平提出了一個完整的概念，一個是讓一部分地區先富起來，帶動其他地區富起來；一個是讓一部分人先富起來，帶動所有人實現共同富裕。這是他完整的論述。

現在回頭看那句話的第一部分"讓一部分地區先富起來，帶動其他地區富起來"，我們基本做到了。過去將近 20 年，整個中西部地區發展都比沿海要快，這實際上也帶動了當地貧困人口的脫貧。我們在 2020 年解決所有的照現在標準的貧困，這是很了不起的，我個人認為這是人類歷史上的一個奇蹟。中國現在 7.4 億人脫貧了，所以這方面進步很大。

但是在"先富的人帶動所有的人共同富裕"這方面，我們現在還在探索有效的方法。雖然已經探索出了一些思路，但是還沒有做到最理想的狀態。好在我們的目標非常明確，就是要實現共同富裕，而且在朝著這個方向努力。

　　現在國家在大力抓精準扶貧，這也是我們的一種特殊做法。精準扶貧的要求實際上是很高的。首先，貧困的人數要相對較少，如果有 7 億貧困人口就沒法搞精準扶貧。其次，政府能力要比較強，要能夠管到基層。多數發展中國家現在還沒到這個階段。你要是實地考察過就會知道，一個典型的發展中國家，它的中央政府可能就能管一個首都。但是在我國，即使是貴州最窮的地方，那裏的農民貧困戶也都有銀行卡，政府可以把錢打到他的卡上 —— 這是現代管理的一個重要標誌：數目字管理。所以中國能夠提出精準扶貧。實際上，這是一個很不容易的事情，只有達到了相當高的水平才能這樣做。

　　由於中國的 GDP 發展得很快，不少外國人認為，按照中國社會經濟發展面臨問題的嚴重性，早就應該陷入困境了。但現實情況是，我們不但沒有陷入困境，反而取得了很大的發展。這也被很多西方學者稱為中國經濟之謎。為什麼會有這個謎團呢？首先是因為西方讀不懂中國。按照西方的邏輯，中國要崩潰。所以，基本上每兩三年就有一個大的輿論，說中國即將崩潰。某些學者甚至把中國崩潰的預測精確到某年某月。這一次沒發生，就再預測個日期。現在這已經被當成笑話講了。

　　中國取得較大發展的背後，是中國形成了一整套自己的做法，我稱之為中國模式，這是非常厲害的。這個模式不是十全十美，但是以現在這個水平已經可以和西方模式進行競爭。比方說，我們的經濟是混合經濟，包括進行戰略規劃的中央政府和競爭性的地方政府兩個層面，再加上企業。一般國家的經濟只有兩個發動機，但中國經濟有三個。在包容和創新方面，中國模式是具有極大能量的。

# 第一章

# 中國文化和
# 文化自信

# 精彩的中國文化

　　我在談中國或者中國崛起的時候，經常使用的一個形容詞就是"精彩"。為什麼呢？因為中國是一個文明型國家，中國崛起是一個文明型國家的崛起，而文明型國家是"百國之和"的國家，也就是歷史上成百上千個國家慢慢整合起來，形成一個超大型國家。那麼它的文化自然也是"百國之和"的精彩。而且這種精彩不僅是時間上的 —— 數千年沒有中斷的偉大文明，而且是空間上的 —— 發生在廣袤的中國大地上。

　　中國人說"民以食為天"，我們不妨從餐飲文化切入來進行簡單的國際比較。西餐中，公認比較好吃的菜是法國菜，但法國菜主要是法蘭西一個民族的菜餚，而"百國之和"的中國，僅是最負盛名的就有八大菜系，其中任何一個菜系拿出來，其豐富性和多樣性可能都超過法國菜系。再加上這些菜系的各種分支以及其他許多菜系，一切都是中國漫長歷史上"百國之和"的產物，只能用"精彩萬分"來形容。

　　其實餐飲文化只是中國文化豐富性的一個縮影，其他文化領域也類似，從文學到詩歌，從美術到戲曲，從音樂到建築，從家居到民俗，物質遺產也好，非物質遺產也好，中國文化的豐富性舉世罕見。隨著中國迅速崛起，越來越多的國人開始體會到文明型國家崛起的無窮魅力，只要你具有一定的文化鑒賞力，中國大地上到處都是燦爛的文化風景線。

　　中國文化的精彩還在於其海納百川、融多樣為一體。中華民族在上下五千年的文明歷史進程中，創造了氣勢恢宏、內涵豐富、延綿不斷的文化成就。這些成就包括中國人崇尚的“天人合一”和整體主義，包括儒、釋、道的互補。這是一種不同的宗教和文化可以互相包容、“大道並行不悖”的傳統，與當今世界許多地方無休止的宗教衝突形成了鮮明的對照。中國僅是方言就有成千上萬種，還有 56 個民族之間的差異，但在一個文明型國家內部，這種差異無比精彩，大家欣賞這種差異，熱愛這種差異。這些差異都可以在中華文明“和而不同”的框架內，相輔相成，相得益彰。

此外，中國文化的精彩還表現為開放和時尚。隨著改革開放的進行，中國國門大開，各種異域的文化元素紛至沓來，與中國文化碰撞，這種碰撞使中國文化更加精彩。它既是古老的，又是現代的，甚至是非常時尚的，比方說互聯網來自西方，但在網絡世界裏，俠客傳奇、三國、西遊、水滸、封神、山海經都可以大顯神通。與外界大規模的文化互動，激活了許多中國文化的意象和資源，激活了中國迅猛發展的文化創意產業，從視頻作品到影視大片，從《流浪地球》到《哪吒之魔童降世》，從手機表情包到動漫、VR 等，都是如此。數千年綿延不斷的歷史無疑為我們提供了世界上最博大精深的文化資源。

人們經常問一個問題：為什麼世界其他文明古國大都是中斷的，唯有中國延續至今？現在看來主要原因大概就是文化。其他文明古國往往依賴軍事征服，一旦這種軍事征服的強力控制減弱之後，各個地方就走上獨立之路。相比之下，中華文明的特點是一直擁有一個“相對穩定的、統一的文化核心”。有學者說，中國歷史上形成了以中原為核心，以黃河和長江文化為主體，聯合周圍區域文化的格局。核心與周邊的文化互相吸收，互相融合，逐步形成了“多元一體”的文化格局，延續至今。也就是說，我們的文化既有百花齊放的"多元"，也有互相交融的"一體"，可以說"多元一體"是中國文化延綿不斷的真正秘訣。

2019 年 10 月，我們慶祝了中華人民共和國成立 70 週年，慶祝中國的偉大崛起。從文化角度看，正是中華民族勤勞、向上、堅毅等文化特質，鑄就了中國崛起的輝煌。走遍全世界，中國人是世界上最勤勞的人民。兩千多年前古人就講"天道酬勤"，中國人創造的與勤勞有關的詞語幾乎都是褒義的，如勤奮、勤快、勤勉、勤儉、勤懇等。中國今天的成功就是一代接一代的中國人共同打拚出來的。

中國人向上，中國人的古訓是"天行健，君子以自強不息"。無論在世界哪個地方，中國人總是想辦法改變自己的命運，總在爭取更上一層樓，用自己的汗水和智慧托起更加幸福美好的明天。

中國人堅毅，篤信"不經歷風雨，怎能見彩虹"，遇到的外部壓力越大，奮鬥精神越足，民族的凝聚力越強。

所以，"吃苦耐勞""奮發向上""堅韌不拔"這些中國人的文化特質托起了這個偉大國家的崛起。網上曾流傳過這麼一段文字，寫得挺好的："一個民族總有些東西是不能褻瀆的。天破了，自己煉石來補；洪水來了，不問先知，自己挖河渠疏通；疾病流行，不求神蹟，自己試藥自己治；在東海淹死了就把東海填平；被太陽暴曬就把太陽射下來……斧頭劈開的天地之間，到處都是不願做奴隸的人。這就是這個民族不可褻瀆的東西。"這就是我們的文化信仰和民族精神。

隨著中國的崛起，越來越多的外國人也開始感受到中國文化及中國崛起的意義，不少人主張要向中國學習。意大利前總理馬里奧·蒙蒂先生在 2018 年就曾撰文呼籲"西方應學習中國人的長遠眼光"，希望有一天西方能夠找到一種方式，"使得我們能夠具有像中國這樣的長遠眼光"。

　　早在 10 年前美國正經歷嚴重金融危機的時候，《時代週刊》就發文探討如何借鑒中國經驗，文章寫到"擁有五千年歷史的古老中國在經濟危機中仍然保持活力，而'年輕'的美國卻顯得年邁虛弱，經濟陷入不景氣的泥淖中"，還提到今天的中國有五個方面值得美國學習：

　　一、明確大的發展目標，以舉國之力投資基礎設施建設。

　　二、投資教育，注重人才戰略性的培養。

　　三、尊老養老的文化使得中國社會有很強的凝聚力。

　　四、培養一種健康的儲蓄習慣。

　　五、民眾可以通過自己的努力改變自己的命運。

　　這篇文章感歎中國的改革開放在數十年間改變了無數普通人的命運，使中國成為創造財富最快的地方。實際上，我們從以上這五個方面中，都可以看出中國文化的巨大影響：舉國之力實現大目標的背後，是中國政治文化中歷來比較重視政府的作用；注重教育是中國儒家文化的核心思想，這個影響延續至今，現在中國每年培養的工程師數量超過美國、德國和日本之和；尊老愛幼是中國孝道文化的延續和發展；儲蓄習慣反映了中國人勤儉持家的生活方式，雖然現在年輕人的儲蓄習慣可能有所削弱，但總體上還是遠遠高於美國，這為中國現代化建設提供了充沛的資金；努力改變自己命運這一條，更是我在前面講到過的中國人"天行健，君子以自強不息"這種精神的體現，它包括了中國選賢任能不分高低貴賤的文化傳統，也體現了當今中國的制度安排在總體上有利於普通人改變自己的命運。

# 文化自信離不開語言

談文化自信，一定要談語言，因為語言是一個民族的文化血脈。2018年9月，我和新加坡資深學者馬凱碩先生在上海有過一場對話，探討亞洲智慧對世界的貢獻。我們兩人對多數問題的看法高度一致，但在涉及英語的問題上有一些分歧。馬凱碩經常撰文談印度的崛起，他認為印度現在和中國的差距還相當大，但印度最終也能追趕上來，一個原因是印度人的英文水平比較高。

對此，我有所保留。我說，我曾經讀過印度開國總理尼赫魯的回憶錄，我發現他在治國理政中遇到困難的時候，往往首先寫信給他在劍橋大學讀書時候的英國同學，跟他們交流思想。可見，尼赫魯的思維方法跟英國人相當接近。依我之見，絕大多數印度精英把西方世界的認可，特別是西方對印度所謂民主制度的認可，看成一個很高的標準，甚至是最高的標準。這和中國的政治領袖完全不一樣。中國政治領導人一直認為，要探索適合自己民情和國情的制度安排，要借鑒西方的有益經驗，但最終要超越西方。

毛主席也好，鄧小平也好，他們不講英語，只說中國話，而且還都帶著濃濃的鄉音。可能正是他們中國式的思維使他們沒有陷入西方思維的陷阱。他們願意學習西方的一切長處，但始終堅持不能失去自我。以鄧小平為例，他1978年訪問新加坡，受到很大觸動，因為這時的新加坡與他16歲去法國勤工儉學時路過的新加坡已經完全不一樣了，他回國後多次講，要向新加坡學習，但同時他也說，在一些方面，我們要做得比新加坡更好。後來我對馬凱碩先生說，我不否認在"術"的層面，印度人的英語比較好，可以方便印度人借鑒西方文明中有益的東西，但在"道"的層面，恐怕英國人的思維方法使印度政治精英和政治領導人難以完全跳出西方的思維方式。

我記得德國哲學家海德格爾曾說過這樣的話：語言是存在的家園，語言本身顯示一個世界。換言之，我們說語言，語言也在說我們。我注意到中文和西方語言的一個重要差別大概如此：學過英文的人可能都知道，最頭疼的是背單詞，如果你要流暢地閱讀《紐約時報》，大約需要掌握兩萬個單詞，沒有這麼多單詞量的話，會讀得很累；但中文不一樣，中文的核心漢字就是三千來個，這些漢字可以形成無窮無盡的組合，表達無窮無盡的意思。我覺得，某種意義上，這種文字差別可能反映了中西方兩種文化的差別。我個人認為，中國文字的最大特點是"求同"，比方說，凡是與水有關的東西，就加上"三點水"，如江、河、湖、海、洋；凡是與金屬有關的東西，就加上"金"字偏旁，如銀、銅、鐵、錫，對於所有不同的東西，我們都力求發現它們之中的共同之處。但與漢字不同，西方文字的最大特點是"求異"，對每一樣東西，它往往都要創造一個專門詞語來表述，所以西方語言對詞彙量的要求特別大。

我想這一點可能對於我們理解中國政治文化和西方政治文化的差異也有幫助，對我們治國理政也有啟發。比方說我們如果沿著中國"求同"的思路來處理各種矛盾，成功的概率一般會大一些。只要在人民內部矛盾的範圍內，無論是鄰里矛盾、地區矛盾、單位矛盾、勞資矛盾、官民矛盾，只要我們能夠把重點放在尋求各方的共同利益上，求同存異，解決矛盾的效果一般比較好，因為中國人有"求同"的文化基因。反之，如果放棄自己的傳統，轉而採用西方 "求異" 的模式，效果可能會差一些。當然，我們也可以借鑒西方 "求異" 文化中的一些東西，用好了也可以產生好效果，事實上我們也是這樣做的；但我們千萬要防止邯鄲學步，不要人家的東西還沒有學會，自己的好傳統已經丟掉了。

這又使我想起了在國家現代化的進程中現代化與文化傳統之間的關係，特別在文字的問題上，中國曾經有過曲折的經歷。19 世紀中葉，英國發動的鴉片戰爭強行打開了中國的國門。中國當時確實被西方強大的軍事力量和物質力量所震撼了，導致很多中國人失去文化自信，甚至產生了中國需要全盤西化的呼聲。這方面比較極端的例子就是要求廢除漢字，認為漢字阻礙了中國的現代化。

但經過一個多世紀的探索，中國人已經看到，自己的文化傳統其實是現代化事業的寶貴資源。我們可以自信地堅持中華文明本位，同時也汲取他人之長，與時俱進，最終實現符合中國民情和國情的現代化，實現一種中國人真正喜歡的現代化。中國語言文字的演變也展示了中國文化與時俱進的能力。

一個民族的語言文字是一種民族精神的反映，是民族認同的一個重要利器。保持了漢語，就保持了中國文化的根。在國家現代化的進程中，漢語實際上一直與時俱進，它汲取了其他文字的某些長處。從文體修辭到語法詞彙，漢語都吸收了大量外國元素。白話文、漢語拼音等方面的創新，大大方便了漢語的學習和推廣。掌握簡體字與閱讀繁體字也沒有太大矛盾，雖然不一定能寫，但閱讀是很容易的。

現在看來，今天的漢語一點都不落伍，反而十分傳統又非常時尚。它能夠翻譯世界上所有的人文科學著作，能夠與現代科技完全兼容，在互聯網為標誌的新工業革命時代，甚至展現出一些獨特的優勢。為什麼中國在移動互聯網時代一下子走到了世界的最前沿？這當然有我們技術方面的巨大進步，但一定也有文化方面的原因。比方說，為什麼中國出現了"微信革命"？我想一定是微信契合了中國人的某種文化偏好。我首先想到的是中國人的"圈子"文化。這裏的"圈子"是個中性詞，沒有貶義，也沒有褒義，只是客觀描述。最簡單的例子就是，中國人可以隨時拉一個群，開始交流。在西方文化中這要難得多，他可能要徵求每個人的"授權"才可以拉群。相比之下，中國人在這方面的態度要開放包容很多。這本身也是中西方文化的一個重要差別。

另外一個原因可能就是中西方文字的差別。我曾經比較過《聯合國憲章》六種聯合國官方語言的版本：中文、英文、法文、西班牙文、俄文和阿拉伯文。中文本是最薄的，也就是說，中文具有西方語言或者其他語言難以企及的簡潔明快，中國的方塊字還超級緊湊，中文還有一些其他西方語言難以達到的特點，比方說豐富的形象，這些特點使中文特別適合移動互聯網時代的溝通：同樣大小的手機屏幕，中文的信息量大概是西方語言的兩到三倍，而且中文的拼音輸入比英文輸入速度還要快。中文還是一字一音，語音輸入的速度更快於西方語言。

所以中文既是一種古老的語言，同時又能夠與時俱進。我聯想到，近代由於種種原因，我們不少人一度失去文化自信，喊出廢除漢字的口號，現在回頭看，肯定是過頭了。一旦與時俱進，中文似乎完全可以適應現代化，特別是適應移動互聯網的使用，所以我們成了引領世界移動互聯網革命的國家。那麼我們今天是否可以反觀西方，如果移動互聯網的確代表了一個時代的話，西方的語言，英文也好，法文也好，德文也好，怎麼適應這個時代呢？西方是不是也要提出自己的語言與時俱進？我覺得這是一個很有意思的問題。

我記得有人提過，中國人似乎缺少信仰，缺少宗教情懷。中國的老百姓不一定信教，但依我之見，中國人的文化和信仰就蘊藏在中國的文字中。一個中國人，只要學會了中文，能夠聽說讀寫，能夠使用一兩百個成語，中國文化的基本元素往往就融化在他的血液中了，他就學會了許多做人做事的基本道理，比如與人為善、自食其力、勤儉持家、好學不倦、自強不息、同舟共濟等。當你走遍世界的時候，你就知道中國文化中的這些基本信念是多麼珍貴。它不僅使中國能以人類歷史上聞所未聞的速度和規模崛起，而且使中國社會保持了比西方社會更多的溫馨和更強的凝聚力。世界上多少民族的文化中就是缺少了那麼一些基本信念，結果發展毫無起色，甚至一個接一個成了扶不起的阿斗。我們要做的就是通過教育，把中國優秀的傳統價值更多地激發出來，從而使我們的社會變得更加積極向上。

這使我想起了習近平主席多次表述過的一個觀點："文化自信是更基礎、更廣泛、更深厚的自信。"在政治層面，文化自信為我們的道路自信、理論自信和制度自信打下了最深厚、最扎實的基礎。在生活層面，中國人應該是世界上最幸運的人，因為我們擁有世界上最豐富的、取之不盡用之不竭的文化資源。在西方你看到一座山，它就是一座山；在中國你看到一座山，它裏面全是文化，全是意境，全是我們先人留下的足跡和感悟。什麼叫精彩？這就是精彩，這就是中國。

## 文化傳播要"入腦入心"

中國的崛起是 21 世紀最引人注目的大事，儘管西方主流媒體竭力詆毀中國，但"青山遮不住，畢竟東流去"。今天走到世界任何地方，中國商品、中國遊客、中國投資、中國公司……中國的存在感無處不在，中國的崛起已經震撼了世界。從世界歷史發展的經驗來看，大國崛起幾乎伴隨著自己文化影響力的崛起，世界文化中心也往往隨著國家崛起而不斷轉移。例如18、19世紀時，歐洲國家的崛起帶來了歐洲文化在世界範圍內的擴散。到了20世紀，隨著美國崛起，美國文化的影響也在世界範圍內擴散。今天中國正在迅速地走向世界政治和經濟舞台的中央，這必然帶來中國文化在世界範圍內的崛起。

這些年孔子學院在世界各地成立，中國文化節在世界各地舉辦，中國的影視、音樂、舞蹈、美術、動漫作品等紛紛走出國門，國內的很多漢語節目也通過互聯網走向海外，受到了海外華人和許多外國人的歡迎。但總體上看，我們文化傳播的影響力還遠遠跟不上中國崛起的步伐，我們還有很多工作要做，還可以大有作為。雖然中國文化走出去勢頭很好，文化傳播的平台日益增多，但最大的問題恐怕還是傳播的深度不夠，形象地說就是"入腦入心"不夠。

我個人認為，要傳播好中國文化，要入腦入心，恐怕需要在兩方面下功夫。一是力求在生活層面和情感層面觸動別人，甚至嵌入受眾的日常生活和情感生活。中華文明從沒有中斷，中國文化最精彩的一面往往就是它的"活化"，它活在中國普通百姓每天的生活之中，活在中國人的情感之中。二是要從各種文化元素中提煉出對人類具有普遍意義的東西，找出那些可以引起人類廣泛共鳴的價值，只有這種具有普遍意義的東西或者叫共同價值，才更能夠打動人。那麼這個提煉過程本身也可以幫助我們提升文化自信，也可以豐富我們乃至整個人類的文化生活和精神世界。

為了更好地傳播中國文化，我在這裏和大家先討論一些思路，然後再用一些案例來說明。

　　第一個思路是"打通內外傳播"。現在中國出境的人數已經是世界最多的了,每年至少有 1.5 億人次出境,在海外的留學生也是世界最多的。在互聯網時代,誰都可以是一個自媒體。在國際大眾交流方面,人人都可以是一個中國文化走出去的使者。只要我們具備發自內心的文化自信,這種自信本身就可以感染別人。我們可以增加國人理性的、源於內心的自信,從而推動中國文化,包括中國政治文化和中國政治話語,走向世界。

　　第二個思路是從"道"出發來把握"術"。我們都知道中國文化博大精深,從不缺少各種具體的文化元素,如功夫、旗袍、茶等,但在推廣傳播中,往往給人的感覺是形象比較單一,翻來覆去老是這些東西。原因恐怕是我們只把這些元素當作元素來處理,而未能充分傳達這些元素背後那些整體的、深層次的、精神層面的、具有普遍意義的東西。其實中國文化是最講究"文以載道"的,我們要發掘這些元素背後的"道",在"道"的層面推動文化傳播。

　　第三個思路是從"新"到"舊"。我這裏講的從"新"到"舊"主要是兩個意思:一是指從中國的當代成就來看;二是指採用新的技術新的手段。我們要發掘今天中國現代化巨大成就背後的文化淵源,我們還要利用新技術新手段來推動文化傳播。我這裏說的文化傳播,不是指專業的或者類專業性質的交流,而是以普通公眾為對象的文化傳播。

　　下面我想用一些案例來說明這幾個思路,包括對現有成功經驗的一些總結,也包括對改進文化傳播的一些思考和建言。

　　第一個案例是從"新"到"舊"。中國以高鐵為代表的現代工業奇蹟、以微信為代表的移動互聯網奇蹟、以北斗衛星導航系統為代表的高科技奇蹟、以電子商務為代表的"互聯網+"奇蹟等,實際上已經給整個世界帶來了震撼。我們應該努力去揭示這些中國現代化的代表性成就與中國傳統

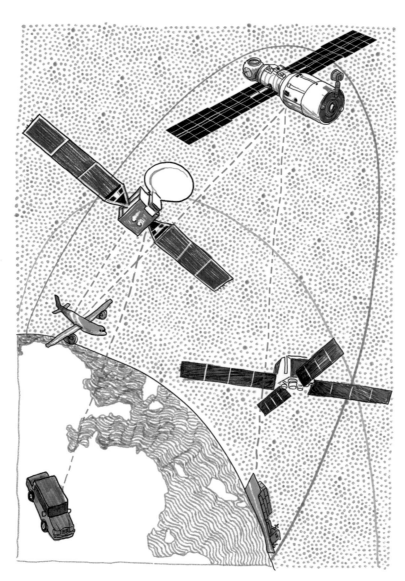

▲ 北斗衛星導航系統示意圖

文化之間的關係。這既有利於我們提升文化自信,也有利於擴大中國文化的國際影響。西方話語的一個核心概念就是所謂的"現代性"。我曾多次講過,中國現代化的巨大成就,特別是更高效、更便利、更人性化、更個性化等,正在某種意義上重塑"現代性"的概念,而這一切的背後幾乎都有中華文明與時俱進的傳統基因。比方說我們通過自己的研究,可以揭示中國高鐵"八縱八橫"的奇蹟與中國歷史上偉大工程的深層關係。歷史上,大運河、萬里長城、茶馬古道、陸上絲綢之路、海上絲綢之路等等,某種意義上都屬於中國作為一個超大型國家的跨地域工程,學術界也稱之為"線性文化"。它承載著中國的人本主義精神、中國人熱愛和平的精神、中國人開天闢地的奮鬥精神,以及這樣的文化傳承。

我們也可以從文化角度切入講述開發高鐵的意義。我看到民間已經有一些高手把中國的高鐵圖誇張地畫成一張張城市的地鐵圖,再配上"美景美食全攻略",他們的文字是這樣寫的:"在杭州靈隱寺燒香拜佛,去梅家塢發發呆,喝一杯新茶,然後再尋一碗舌尖上的片兒川。在南昌鄱陽湖觀鳥,登滕王閣觀江景,街頭來一碗美滋美味的瓦罐湯……"這無疑是介紹中國文化豐富多彩的一個很好的切入口。

微信也是中國領先世界的一個領域,我在談文化自信時已經講過,可以從文化角度進行解讀,例如微信的普及與中國文字的關係。漢字曾經被認為是阻礙中國現代化的,但漢字確實在與時俱進。在當前的移動互聯網時代,它以自己獨特的優勢,特別是高度凝練、緊湊的特點,在面積有限的手機屏幕上能夠表達多元的意思,承載更多的信息量。我們還可以從微信的迅速普及、抖音和快手的流行等角度,來解釋中國文化的特點和魅力。

第二個案例還是從"新"到"舊",也就是用新的技術手段來"活化"

傳統文化。比方說中國古代繪畫產生了大量的精品，但國人和外界對此知之甚少，許多國人甚至只知道西方文藝復興以來的美術作品，而對自己國家的美術作品了解得非常有限。所以我們不妨通過高科技和互聯網技術，向海內外更好地推送中國傑出繪畫作品，並且通過這些作品來揭示古代中國人的生活水平、審美情趣和精神世界。比方說上海世博會的時候，我們用高科技手段將古畫《清明上河圖》"活化"，這是一個非常成功的案例。我當時去了世博會三次，我就站在這幅畫面前，跟隨畫面上一個個古人穿街走巷，造訪一家家千年前的商舖、客棧……夕陽下的街景，還有油燈閃爍的夜市，給人無限的遐想。

而同時代的歐洲，哪裏有如此繁華富裕的城市？哪裏有這種情趣盎然的生活？我們當時的開封是世界上唯一的百萬級人口的城市，相比之下，當時的倫敦只有 5 萬人。再看今天中國的盛世繁榮，從上海的新天地、淮海路，到成都的春熙路，再到新疆的喀什老城，可以說 21 世紀的"清明上河圖"，遍佈在祖國的每一座城市。

再如中央美院的畢業生楊春，他把深藏在故宮裏的許多宋代古畫復活了。他選取《芙蓉錦雞圖》《果熟來禽圖》等多幅宋朝經典書畫，臨摹下來，整理成作品，後來被拍成動畫短片《美麗的森林》，成為中國傳統藝術與現代動畫完美結合的代表，展現了天人合一的精神境界。當你看到一隻小鳥從古畫中突然飛了出來，它給人帶來的驚喜和快樂是語言難以形容的。現代的動漫技術、VR 技術、抖音、快手等，都為底蘊深厚的中國文化走向社會、走向世界提供了新的機遇。

第三個案例是從"術"來揭示背後的"道"。我特別喜歡中國的老建築，包括古村落、古建築。難能可貴的是，中國古建築的優秀傳統，不僅為知識精英所掌握，還為千百年來無數普通工匠日常所實踐，這背後是對中國傳統文化"技道合一"的偉大傳承。中國木工的榫卯技術就體現了中國傳統陰陽和諧的理念。《莊子》中有不少哲學寓言，也都是以工匠為背景，例如庖丁解牛、梓慶削木為鐻等。這部書描述了一批工匠和手藝人在技藝上達到爐火純青的地步後，在精神上就會呈現一種無限自由的狀態，達到天地萬物與我並生的精神境界。換言之，中國人的傳統哲學思想，是和生產勞動、人民生活緊密結合在一起的。工匠們可以通過製作家具、建造房屋、修建水利工程等，展示一門技藝，展示一種"道"。在提倡工匠精神的今天，發掘技藝背後的精神世界，我覺得具有很大的正面意義。

第四個案例是如何更好地呈現中國的公共文化空間。中國人民熱愛生活，中國文化最大的特點是活在百姓的日常生活中。來中國訪問的外國人，往往會被中國人民朝氣蓬勃的生活所打動 —— 從晨練太極拳，到菜市場的熱鬧，到茶樓品茗，到夜市的繁華，都會打動他們。這裏我要特別提一下中國的公共文化空間，在中國的社區和公園，每天都有各種各樣自發的、半自發的文化活動，如合唱、表演、琴棋書畫等。這些無不反映出中國人民對生活的熱愛，而且也可以反映出這種熱愛背後的"道"：中國人的精神面貌、中國的婦女解放、中國的退休制度、中國的養老體系、中國的社區服務等等。

我覺得我們甚至可以把中國的廣場舞和社區合唱這一類活動，作為一個現代中國的文化符號，通過我們的視頻、紀錄片和網絡傳播出去，讓世界各國都可以看到中國普通百姓的文化生活和社區生活。這種豐富多彩的生活和樂觀向上的精神面貌，會打動世界上很多人。

順便說一句，"大媽"這個詞已經進入了英語的金融詞彙。很多西方人也開始關注中國"大媽"現象。"大媽"是中國一個特別瀟灑的群體，相當程度上體現了中國婦女解放的成功。她們除了喜歡跳廣場舞，很多人

▲ 晨練

還掌握著家中的財權，這在很多西方國家是不可思議的。她們才 50 來歲就已經退休，在多數西方國家也是不可思議的，因為那裏的退休年齡往往是 67 歲。她們還經常到海內外各處旅遊，是所謂 "世界大串聯" 的組織者和生力軍，從中國的天南海北到歐美自由行。中國 "大媽" 不懂什麼深奧的經濟學理論，但往往會從自己的常識判斷出發，在國際黃金市場上與華爾街對決。有時候失手，有時候得手，可謂棋逢對手。因此，"dama" 這個詞也隨之進入了英語的金融詞彙。

第五個案例是要解決內外傳播兩張皮，我想可以叫 "化西為中"。歷史上佛教傳入中國被中國化，英國人發明的乒乓球成為中國的國球，諸如這些都說明中國文化具有超強的兼收並蓄的能力。近代以來西學東漸，西方文化對中國的影響幾乎無處不在。但隨著中國的崛起，我有一個比較大膽的想法：我們能不能考慮有意識地推動 "化西為中"？比方說，改革開放以來，中國城鎮化發展迅猛，各種西式建築風格幾乎主導了中國的建築設計。我們排除一些純粹的崇洋媚外的因素之外，西式風格在中國不少地方受到歡迎，恐怕也是因為它滿足了中國社會的某種實際需求。

以今天中國城鎮化如此之大的體量，我們是不是可以把這個提上日程？即讓歐式建築變成具有中國魂的建築，就像歷史上中西合璧的上海石庫門建築一樣。現在石庫門成了上海城市建築的一張名片，上海的新天地受到中外遊客的歡迎，因為外國人從中看到了中國，中國人從中看到了外國；年輕人看到了歷史，老年人看到了時尚。所以 "化西為中" 到了一定的程度，我估計名稱都會改變，就像源於英國的乒乓球，它已經不是原來意義上的 "桌球" "table tennis"，而是用 pingpong 這個詞語。

我們還可以考慮在更廣的範圍內展開，比方說還可以推動西方古典音樂的中國化、西方樂器的中國化、西方服裝的中國化等。我覺得真的可以

考慮 "化西為中"、中西合璧，可以舉行一些創意大賽來推動這個進程。從這個意義上來看，一方面是認真對待和理解其他文化，包括西方文化，同時也結合中國的文化傳統、中國人的文化偏好和實際需求，把外來物創造性地吸納和融入中國自身的文化體系。這本身就可以展示中國文化兼收並蓄、推陳出新的特點。

其實，隨著中國市場規模不斷擴大，不少西方的舶來品已經主動開始了某種意義上的中國化過程。肯德基和麥當勞都開始推出一些中式套餐、早點；iPhone 為了迎合中國消費者推出 "土豪金" 款式；《後天》《變形金剛 4》等好萊塢電影已將拍攝場地放在中國或引入更多的中國元素，邀請中國演員參與等，這些發展對我們也有參考價值。

第六個案例是建構基於中國文化的指標評價體系。每個民族都有自己的文化偏好，文化自信的一個重要標誌就是用自己的標準去觀察和衡量世界，並做出自己的判斷。我曾經講過，我們可以考慮用中國人的史學研究標準，以 "信史" 來審視西方的歷史。再比如我們可以考慮制定中國標準，來推動中國文化在國際上的影響力。現在中國已經成為世界上最大的遊客輸出國。中國國內有 "大眾點評網" 這樣的信息匯總和服務評價平台。在海外，也可以讓中國遊客來點評世界各國的方方面面。然後通過大數據分析，提出基於中國文化偏好的指標評價體系，包括餐飲水平、酒店水準、機場服務、航空服務、對中國人是否友善、商業是否便利、治安水平、數字化發展水平、網絡水平，等等。我想這將有助於中國文化標準走出去，逐步在世界範圍內推動某種面向中國文化偏好的轉型，這也是用中國文化標準來影響世界。

第七個案例是我們可以編寫或者錄製一些簡化版的漢語中國文化課程，比如圖文課程、視頻課程等。中國人學習英文，大部分人都達不到真正掌握的程度，當然也沒有這個必要。但學習過程中，或多或少能夠了解一些英美文化。漢語學習實際上也是這樣。如何讓學漢語的外國人也體會到漢字的美、中國文化的美？我覺得我們完全可以發揮文化創意，製作一批 300—600 個漢字量的配有大量動漫和視頻形象的作品，將中國文化的方方面面介紹給外部世界。這樣使稍微有些漢字基礎的人，能夠或多或少地體驗到或者初步體驗到中國文化的魅力。

第八個案例是要利用好互聯網的新手段，充分發揮民間社會的能量，讓民間文化活力大規模迸發。而且，更好地利用互聯網，還有利於我們顛覆西方媒體對中國輿論的整體圍剿和封鎖。國內不少社交網站的敘事模式，是把中國文化掰碎了講，利用照片、視頻，甚至表情包來講，採用年輕人的網絡語言和敘事方式來講，我覺得這些都是非常有益的。今天中國文化傳播的對象很大程度上已經是世界範圍內的 "90 後" "00 後"，他們是互聯網時代的原住民。對於他們而言，視覺化的故事和情感政治往往非常重要，這種影響力將是跨越階層和國界的。我經常舉一個例子，2016 年的時候，在西方的 Quora 網站上，一個外國人問了個問題：為什麼中國知識精英還不發動顏色革命？一位上海的女留學生回答得非常簡單，她上傳了一張浦東 1990 年的照片和一張浦東 2010 年的照片，然後寫道：20 年內，從一窮二白到今天這個樣子，這是我的老家！我們看上去像受迫害、被洗腦、沒有自由的樣子嗎？像要換一個更好的政府的樣子嗎？謝謝你的建議，我們中國制度運行得很好。

總之，隨著中國的全方位崛起，中國文化海內外傳播，將是一個蔚為壯觀的事業。我們有義務也有能力推動這項事業取得更大的輝煌！

# 對話與討論：堅持文化自信的原因

中国移动　　　　　　　4G .ull 81% ▭ 下午3:47

〈　對方正在輸入⋯　　　　　　　　⋯

**?** 張教授，在道路自信、制度自信和理論自信之外，我們為什麼還需要再堅持文化自信？

無論講道路自信、理論自信、制度自信，還是任何其他自信，最終只有在文化上確立這種自信，才是真的靠譜。所以文化自信確實是最基礎的東西。比如說理論自信，它背後講的其實是馬克思主義中國化──一定要中國化，如果沒有中國化，理論自信往往是靠不住的。道路自信，說白了就是我們中國自己的一整套做法。這個做法裏面包含了很多文化的元素，比如選賢任能，它和我們古代的科舉制度、察舉制度等都有關係，一脈相承。跟文化血脈建立聯繫之後，會發覺它是真正的自信，發自內心的自信。福山說文化肯定是趨同的，這是西方政治學和現代政治學的一個核心觀點，他覺得大家都穿牛仔褲、喝可樂、吃麥當勞，最後大家都要選舉，都要一人一票，實行多黨制。但是，美國

中国移动　⁴ᴳ.ᵢᵢᵢ 81% ▭ 下午3:47

〈　對方正在輸入⋯　　　⋯

和中國，一個是麥當勞文化，一個是八大菜系文化，究竟誰整合誰？有文化自信之後，談問題的視角就不一樣了。

# 第二章

# 講好中國故事
# 需要中國話語

# 震撼世界的中國高鐵奇蹟

　　中國的高鐵事業近年來發展迅速，成就有目共睹。2016 年國務院發佈的《中長期鐵路網規劃》中有一個"八縱八橫"的高鐵規劃："八縱"包括沿海、京滬、京港（台）、京哈—京港澳、呼南、京昆、包（銀）海、蘭（西）廣八條通道；"八橫"包括綏滿、京蘭、青銀、陸橋、沿江、滬昆、廈渝、廣昆八條通道。"八縱八橫"可實現相鄰大中城市間 1—4 小時交通圈、城市群內 0.5—2 小時交通圈，大大縮短了人們出行的時間，將主要的經濟圈連成一片。而我們的高鐵里程，實際上現在已經佔到世界的三分之二，而且下一步還要發展。根據新的規劃，到 2025 年，中國高鐵里程數將達到 3.8 萬公里。從現代化發展的歷史角度來看，速度無疑是人類文明發展和生活水平提高的一個重要標誌。當"八縱八橫"的高鐵網絡把整個中國都連成一體的時候，它帶給中國的絕不只是速度的改變，而是中國人時空觀念的轉變和生活方式的革命，是世界上最大的統一市場的形成，是全球現代化進程中中國標準的逐漸呈現。

　　對於中國高鐵這個巨大的成績，除了自豪之外，我自己另有一份回憶。2011 年，我出了一本書叫《中國震撼：一個"文明型國家"的崛起》。在書裏，我專門寫了中國高鐵建設的奇蹟。這本書的影響比較大，當時不少地方請我去做演講。那年 8 月份，我應上海一個單位之邀，去他們那裏演講。在提問環節，有個媒體人提了一個頗為尖銳的問題，他說你難道不知道剛剛發生"7·23 高鐵事故"嗎？他挖苦我說，這難道也是"中國震

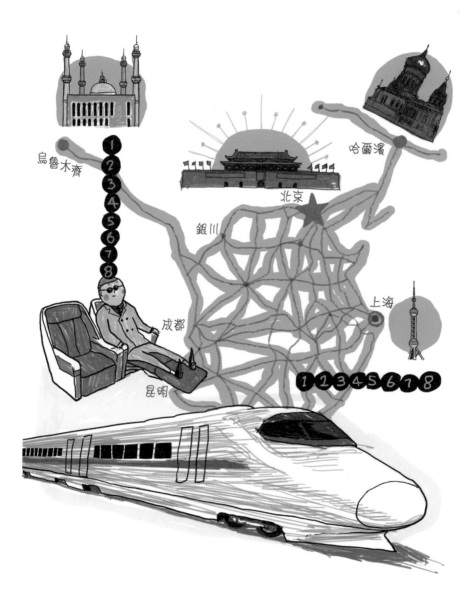

▲ 中國 "八縱八橫" 高速鐵路網示意圖

撼"嗎？

面對這樣的問題，我說，這個事故肯定是個悲劇，我們需要調查，明確引起事故的原因和責任方之後，該怎麼處理就怎麼處理。我也跟他解釋，實際上這不是高鐵事故，而是動車事故。高鐵和動車，在速度上是有差別的，以時速 250 公里為界限。我們在談論事實的時候，應該把細節講準確，講清楚。然後我談了一個非常坦率的看法，我說你要比較或者衡量火車的安全水平，要有一定的參照系。

中國每年春節都有"春運"，現在"春運"一般都是 30 多億人次，大概率已經超過德國火車十年的載客人數或人次。我也查過相關數據，到 2011 年 8 月，我們的動車和高鐵在中國大地上已經安全運行了五年。這樣一個紀錄，怎麼看都是世界上最好的紀錄之一。把我們的動車和高鐵水平，放到全世界的範圍中去比較，你才能更準確地給它打分。而且，我可以肯定地說，我們的得分，是學霸級別的。我們的動車和高鐵，怎麼著都是研究生水平；美國、英國的火車是中學生水平；印度的火車是幼兒園水平。坦率地說，研究生也可能犯錯誤，中學生也有可能指出研究生的錯誤，但中學生和研究生在總體上是有差距的，而且這差距還不一定能夠很快被克服。

至於印度火車的狀況，估計大家在各類媒體上也有所耳聞。在網絡上，也經常看到大家拿它們開玩笑。我本人是實地去印度考察過很多次的。每天早上駛進孟買的火車，那場面就像我們小時候看的電影《鐵道遊擊隊》，車頂上、車門上都是扒著的人，每天不知有多少事故發生。而且，印度火車造成的死亡事故是以千人來計算的。

所以說，用少量的意外事故來否定中國鐵路人為中國現代化事業做出的巨大貢獻，缺乏全面和理性的思考和分析，是不可取的。你只盯著這一場事故，卻看不到無數高鐵建設者的努力和奉獻，看不到中國高鐵技術飛速的發展進步，看不到高鐵在整體上給中國人民帶來的便捷和變化。現在，我們國家在雲貴高原這種很難建高鐵和動車的地質環境中都修建了動車和高鐵，這在國際上是非常先進的。我們的學生從小學習地理，知道我國很多地區的地理條件之險峻。所以說，可能我們的一個省，比如四川、貴州這些省份，建高鐵的難度，都超過美國一個國家建鐵路的難度。你聯繫背景在不同的層面上都做了比較，看問題才比較客觀，比較理性。

## 故事講不好，國家要捱罵

對高鐵的輿論評價走向背後實際上反映出一個什麼問題？就是高鐵取得了那麼精彩的成績，沒有多少人去誇，反倒是只記住了這場事故。也就是說，雖然你幹得非常好，但如果你由於種種原因，沒有把這個故事講好，人家會把這個東西扭著講、反著講，你原本巨大的正資產會變成巨大的負資產。事故發生的當時，正伴隨著互聯網的興起，大家一定還有印象吧，有那麼一段時間，互聯網上黑自己國家的言論特別多，甚至是佔主導地位：政府是壞的，國有企業是壞的，那麼國有企業生產的高鐵肯定也是壞的，基本上就是這麼一個邏輯。而且當時一些主流媒體也沒有定力，也跟著網上的輿論走。我們自己講不好中國故事，是因為我們自己對中國還缺乏了解。我們雖然都生活在中國，都是中國人，但是這個國家的歷史和現狀到底是什麼樣的？我們各種各樣的社會構成到底是什麼樣的？隨著時代的發展，我們的國家又會產生怎樣的矛盾？我們又要如何去解決它？很多人可能對這些感到困惑，卻一直沒有找到答案。

我談這個問題是很有感觸的，因為我去過解體之前的蘇聯，也去過解體之前的南斯拉夫。我了解它們解體的過程，基本上是兩個階段。第一個階段是一個國家的知識精英，就是大學的教授、各種各樣的媒體主編這類有社會影響力和話語權的群體，被西方話語忽悠，認為只要採用西方的政治模式和經濟模式，所面臨的問題就都可以解決。第二個階段就是這個國家的政治精英，像政治局委員、常委甚至總書記這些掌握國家大權的人物也被西方話語忽悠了，接著就是經濟崩潰，最後就是國家解體。特別是解體之後，國家和社會的財富被西方席捲一空，人民生計陷入困頓，長期得不到改善，這類教訓太深刻了。

這方面最經典的例子當然就是戈爾巴喬夫被西方話語完全忽悠，結果導致國家崩潰。如果你今天碰到一個稍微有點歷史感的俄羅斯人，他就會告訴你，他們經歷了三次浩劫：第一次是 14 世紀蒙古人入侵，第二次是 20 世紀第二次世界大戰時候德國法西斯入侵，第三次就是蘇聯解體。戈爾巴喬夫本人呢，居然在 1996 年還敢去參加總統競選！結果是可以想象的，他的支持率不到 1%，俄羅斯人民拋棄他了。

我認為 2011 年的時候，我們不少知識精英被西方話語忽悠得差不多了，甚至到今天還有一些人仍舊處在被忽悠的狀態中。但我覺得現在看清問題的人越來越多，特別是越年輕的往往看得越清楚。高鐵建設這麼精彩的一個成功故事，居然會被人扭過來講成攻擊國家的理由，這說明了一個我們必須要正視的問題：你的故事講不好，會連累國家捱罵。當時一些話語說什麼 "高鐵，請等一等你的人民" "高鐵，等一等你的良心"，諸如此類，全都在譴責高鐵，譴責國家。從中可見，話語太重要了，我們一定要把中國的事情，用中國自己的話語把它說清楚、說透徹，這樣我們的崛起才會更加順利，更加精彩，更加為人理解和接受。否則真的，有時候你做了這麼多的事情，取得這麼大的成績，最後可能是功虧一簣，甚至前功盡棄。毫不客氣地說，中國已經崛起到今天這麼一個地步，如果我們還被西方那麼淺薄的話語忽悠的話，我們的後代將會唾罵我們：當時你們是一手好牌，怎麼打成那個樣子？

實際上過去的這麼多年裏，我們中國人真的是一心一意搞建設，一心一意謀發展，一心一意致力於改善民生。中國人是從善如流的，只要你真的做得好，我們就真的想學習。但是西方不一樣，用我們的一句古語說就是"樹欲靜而風不止"，它們總是用它們那一套有色眼鏡來看你，給你添一些事端。它們大量的意識形態化和政治化最後導致了什麼？我們看得很清楚。但它們還沉浸在這種思維模式和觀察角度中，中國人只要一出國，就會碰到各種各樣不可思議的問題。普通西方老百姓都會問你：中國人權為什麼這麼糟糕呀？西藏為什麼不能獨立呢？台灣獨立有什麼關係啊？像這樣不靠譜的問題，如果你在國外留學或者居住的時間長一點，估計要回答至少一百次。在這個時候，你自然就會思考，我們的國家，為什麼在他們眼中是這樣糟糕的形象呢？如何解決這一問題呢？

過去，我們總是自我安慰說，是他們被西方宣傳機器蒙蔽了，沒有看到真相。但我們不能寄希望於等待他們自己去覺察和發掘真相。我認為，中國已經崛起到今天這個地步，是什麼問題都不能迴避了，我們要能夠回答所有對我們的質疑，把中國自己的事情用中國自己的話語說清楚。在現在中國崛起的這個新時代，我們要乾脆利落、清晰準確地解決捱罵的問題。這種罵，一方面來自西方，另一方面來自我們國內。我們有一些知識界和傳媒界的人不自信，整天跟在西方話語後面罵自己的國家，罵自己的制度。當然我覺得這個群體和他們的影響力都在日益縮小，這肯定是大勢所趨。

有人認為中國共產黨已經形成自己的話語了，我同意這個看法，我們已經有了官方的話語體系。我覺得這是凝聚全黨和全國人民共識的定海神針。但是光有官方話語是不夠的，為什麼？一是西方話語在今天世界範圍內仍然比較強勢，需要有豐富的中國話語與之抗衡；二是社會日益開放，新媒體傳播鋪天蓋地，人們的思維和觀念多元化，光靠官方話語解決不了捱罵的問題。所以我主張要大力發展和推動我稱之為"學術的、民間的、國際化的"中國話語，某種意義上，這也是彌補我們現在話語建設中的一些短板。

舉一個例子，這是我自己經歷過很多次的。西方老是說中國的人權不好，我們的一些官員或者學者怎麼解釋呢？他們辯解說我們現在還是發展中國家，我們還沒有發展到你們那個階段，所以人權達不到你們那個標準。我覺得像這樣的話語是一種非常弱勢的話語，因為你是在西方話語系統中進行敘述，這意味著你還是承認西方話語的權威，也就是說，你把話語權拱手交給了西方，讓他們來裁定你的人權做得好不好。他們說你做得不好，你就真認為自己做得不好，然後還大費口舌解釋為什麼做得不好，這不正好掉進人家的陷阱裏了嗎！

有人問我，碰到這樣的問題，該怎麼回應？我說很簡單，如果你用中國人的眼光或者用聯合國的人權標準來看人權問題，那我們可以確鑿無疑地說，從進入 21 世紀到今天為止，伊拉克戰爭是對人權最嚴重的侵犯，因為光是死去的平民就十幾萬，流離失所者數百萬，無數生命如螻蟻般被肆意踐踏。這些無辜者的人權，你尊重了嗎？你保護了嗎？你可以跟美國人說，如果你不把這個嚴重的侵權行為向伊拉克人民、向中國人民、向全世界人民解釋清楚的話，你有什麼資格來跟我談人權？我覺得這就是比較強勢的中國話語。

　　還有一個例子，就是馬克思主義中國化。我們在這個理論表述上，應該說還沒有做得很好，還有很大的改善餘地。我經常說，這麼精彩的中國故事怎麼會講不好？西方國家的主要大學，比方說牛津大學或者劍橋大學，裏邊教馬克思主義、講馬克思是非常時髦的。記得 2008 年的時候，新聞報道說，因為金融危機，馬克思的《資本論》在很多國家賣脫銷了。這意味著，現代社會中的很多人，並不覺得馬克思的觀點和理論是過時的，他們認為馬克思的思想能夠在危機的時候給人提供參考或者靈感。

　　但我們卻把故事講得如此之枯燥，思政課就是一個例子。學生們為了學分，機械地背誦和抄寫課本，拿到學分之後就統統忘掉了。馬克思主義思想的精髓在哪裏？我們在談馬克思主義的時候，非常重視馬克思主義的

▲ 柏林的書店裏擺著寫有德文 "資本論" 字樣的馬克思頭像

立場、觀點和方法，特別是方法。歷史唯物主義和辯證唯物主義，這些是高度的智慧，是絕對站得住腳的。中國改革開放的成功，過去革命戰爭的成功，真是依靠這些東西。整個馬克思主義中國化，需要變成一個生機勃勃的事業。我們真的要反思，我們完全可以結合中國崛起的偉大實踐，把它講好。我覺得這是一項具有巨大潛力的事業。我們，特別是一些學馬克思主義專業的同學，是可以做好的。坦率地說，從蘇聯解體和東歐崩潰之後，世界社會主義運動明顯受到嚴重的挫折。但中國崛起之後不一樣了，我們提供給世界社會主義運動一個巨大的推動力，這是非常重要的。下一步會怎麼發展，我覺得還有很多精彩的事情可以做。

在今天的歐洲，很多人仍然不知道，中國已經基本實現了全民養老和全民醫保。你跟他們講，他們會非常震驚：中國這麼快就做到了？這實際上就是社會主義的一個經典成果。中國這個國家的人口規模太大了，比西方所有人口加在一起還要多，這麼大一個板塊的崛起，對整個社會主義運動的影響，將是全球性的。所以我相信，即使我們不推銷自己的模式，隨著中國的成功，這種模式也會越來越明顯地被人家看到，而且解釋得清清楚楚。

實際上我們的馬克思主義中國化實踐得很好，否則就不會有 1949 年新中國的成立。毛主席把馬克思主義中國化之後，通過農村包圍城市，最後奪取政權，這無疑是非常成功的。新中國成立以後，尤其是改革開放以後，最經典的案例就是我們的經濟模式 —— 社會主義市場經濟，這是一個相當好的模式，我經常跟外國人說，你要好好研究這個模式。社會主義市場經濟從宏觀調控到市場作用，到國企民企之間的配合，它不是十全十美，它有自己的問題，但是西方模式現在缺陷更多，中國幹得比它好。中國是世界上唯一沒有爆發過金融危機、財政危機和經濟危機的國家。自從提出社會主義市場經濟之後，我們有我們的困難，但不是西方意義上的危機，我們人民生活水平大幅度提高。這些都是馬克思主義中國化的成果。

# 顛覆西方範式，建構中國話語

舉了前面章節的這些例子之後，我們應該明白，我們的優秀文化和優秀故事，要想講得準確，講得出彩，就不能用過去那一套西方話語了。我們不僅要在日常表達中擺脫這套話語，更要在思考方式上擺脫它的束縛和限制。大家都知道這麼多年來，西方對世界的主流政治敘述話語體系中，有一個範式叫作"是民主還是專制"。但是呢，什麼是民主，什麼是專制，這都是西方國家定的，他們說了算，其他國家沒有參與制定標準的份兒。按照他們的標準，只有採用西方的多黨制和普選制才是民主，才是他們所謂的普世價值。

西方很多做學問的人，包括媒體，我稱之為"懶漢做學問"。他們習慣於拿"民主與專制的對立"作為分析一切問題的框架，簡化了千差萬別的世界政治形態，讓世界只剩下"民主"和"專制"的對立。他們總是只會問你，你們怎麼還沒有進行政治改革？你們什麼時候進行政治改革？就這幾個問題，反覆地問。也就是說，在他們眼裏，你不向西方模式靠攏，你不按照他們那一套行事，你在這方面就是遠沒有達標，永遠也不能進入主流世界和文明社會。

如果我們平心靜氣地觀察一下就可以看出，"民主還是專制"這個分析的範式，明顯地缺少闡釋力，早已成為西方策動顏色革命、顛覆非西方政府政權的一種意識形態工具。這部分話語雖然忽悠了一部分人，甚至在不少國家造成了政權更迭，但今天我們看到，隨著"阿拉伯之春"紛紛變成"阿拉伯之冬"，隨著西方自己面臨的問題越來越多，很多西方人也意識到了西方政治模式的問題並開始不同程度的反思。

2008 年年底，我到印度去演講和考察。那年 11 月，在孟買發生了一場很嚴重的大規模恐怖主義襲擊。當時印度的反恐精銳部隊花了九個小時才抵達恐怖主義活動的現場，印度的輿論對此嘩然。那個時候我正好在德里大學做一個講座，主題是"中國模式"。在跟聽眾互動的時候，有人提了個比較敏感的問題，他的語氣倒不是很尖銳，還挺友善的。他是這樣說的：如果中國碰到這樣的恐怖主義襲擊，會如何應對？

我當時是這樣回答的：中國到現在還沒有碰到這麼大規模的恐怖主義襲擊（後來新疆 "7·5" 事件大概可以算，但它在我做講座時還沒有發生），但是 2008 年我們發生了汶川地震，這是一場特大型的地震，震中在中國中部的四川山區，遠離我們的經濟中心和金融中心。我們的軍隊二十分鐘內就開始動員，我們的領導人兩個小時之內就坐上飛機奔赴災區，我們的醫療隊三天內就覆蓋了所有的一千多個受災的鄉鎮，直接救助兩千多萬災民。

我還記得一位印度學者聽了之後的表情，很顯然就是覺得不服氣，所以他就又問了我一個問題，他說你是不是想以此證明專制比民主更有效率？我說這個講法確實不厚道，不公道。坦率地講，這不是一個"專制比民主更有效率"的問題，而是"良政（good governance）比劣政（bad governance）更有效率"的問題。這是我經過認真研究後得出的一個重要的結論，我把它叫作範式上的一個顛覆。我接著補充說，中國發展模式的特點是，不管什麼政治制度，不管什麼發展模式，最終就看你能不能達到良政，達到良好的政治治理。

然後我又補充了一些話，我說良政可以是西方的制度，也可以是非西方的制度，這個很重要。中國就是這樣的一個經典案例，雖然我們也有自己的問題，但總體上比世界上絕大多數國家做得要好。接著我又說，劣政也可以是西方的模式、西方的制度。我可以舉出一百個例子，從局勢最糟糕的伊拉克、阿富汗、海地、利比里亞等，到當時已經破產的像希臘、冰島這樣的所謂的發達國家，都沒有治理好。我記得當時我回答完了之後，報告廳裏出現一陣沉默，最後會議的主席總結說："看來我們印度人也在反思！"

整個西方話語的崛起，是隨著工業革命成功形成的一整套話語體系，但現在它確實在走衰。時間站在中國這裏，我老說中國的崛起是一個文明型國家的崛起，它一定是改變整個世界的，因為中國這個規模太大了。我當時寫《中國震撼》，很多人疑惑地問：真的震撼了嗎？我說你一定要知道中國這個規模的影響力有多大。我舉一個小例子，我不說整個中華人民共和國的人，單單是我們一個長三角地區的人口就是一億五六千萬，而歐洲都是小國家，瑞士的人口只有七八百萬。如果長三角地區的中產階層，其中有一部分人去歐洲旅遊，再其中有一部分人都去買一塊瑞士手錶，為了滿足這一購買數量，瑞士的鐘錶製造企業需要 24 小時開工才能做到。這就是中國崛起的震撼。甚至我可以很誠懇地說，不是我們要改變這個世界，而是中國這個規模太大，世界不得不因為中國而發生改變。

我想伴隨著中國崛起的，應該是中國話語的崛起。這個話語既是對外的，也是對內的。我們現在工作的目的，是特別希望我們中國越來越多的人，能夠有道路自信、制度自信、文化自信，是發自內心的自信。我們要用自己的話語去講述和表達，而不是用西方的話語和思路來敘述。

　　我相信隨著中國進一步崛起，中國話語的範式會被越來越多的國家、學者和人民所接受。那麼在它背後，就要求我們的話語更加實事求是，能夠更好地展現這個真實的世界。要把中國的事情講清楚，對我們自己講清楚，也要向國際社會講清楚。以中國現在崛起的規模，“一帶一路”數千個項目同時在進行，我們討論中國話語走向世界，不能光出去搞建設，還要到電視台和網站去侃侃而談，告訴更多的人，我們為什麼要這樣做，這對誰有什麼樣的好處。其實每一個人都可以是這樣的一個使者、一個演說者、一個推廣者，把真實的中國，講給更多的人聽。

　　當然，我們也要保持頭腦的清醒。在闡述中國崛起、中國模式和中國話語的過程中，雖然我們現在已經不再仰視西方，對西方現狀、西方模式和西方話語也提出了許多疑問，但我們也不會像西方以前那樣傲慢地俯視其他國家，西方還是有很多地方值得我們學習的。我們可以平視西方，平視才能看得清楚，看得準確，看出名堂，看到可以借鑒的長處，看到需要避免的彎路。這種態度，是真正有自信的大國態度。

# 對話與討論：如何看待二次創新、民族問題？

**?** 我是一名"90後"的學生，我覺得支付寶改變了我們的支付習慣，電商改變了我們的購物習慣，據我了解，這些互聯網模式都是從西方國家引進過來的，請問您怎麼看待這樣的現象？

以支付寶為例，為什麼它在中國可以發展得這麼快？支付寶這樣的形式，或者微信支付的形式，在美國是不可能被允許的。一個重要原因是它面對龐大的利益集團，特別是銀行和信用卡公司。這些利益集團的錢賺得非常得意，它們不希望別人來干擾。而在中國，習近平的經濟思想裏邊有一個就是供給側結構性改革，社會有這個巨大的需求，所以我們就要推動供給。

某種意義上，支付寶遏制了我們國內的銀行和信用卡發展，儘管有各種各樣的反對聲音，但我們還是把這一塊先做起來。我不知道我們國家有沒有想過現在的結果——它帶來的是一場革命。所以現在看來就是，我們互聯網經濟成功的背後有重

中国移动　　　　　　　　4G .ill 81% ▭　下午3:47

< 對方正在輸入…　　　　　　　　…

> 要的政治因素。你有一個代表人民整體利益的政治力量，就可以衝破既得利益的阻撓。我們先把它發展起來，然後在發展中解決問題，看看怎麼跟銀行的利益兼顧，怎麼跟信用卡的利益兼顧，最後找到解決問題的辦法。中國有很多東西的啟發來自西方，來自其他國家的一些經驗，但是我們把它們變成了我們自己的東西，變成了中國的模式。

 我來自新疆的哈薩克族，在南京讀大學，我想闡明幾個我作為新疆人的觀點。新疆的經濟和社會環境現在是比較繁榮的，人民安居樂業，這幾年來大家都是同舟共濟，砥礪前行，這是很多人的血和淚換來的和平、安定和繁榮。我本人非常認可中國文化，我認為我是中國文化圈的一分子，我說漢語，用筷子。張老師提到西方話語權的問題，這真的是一個很嚴重的問題。很多真正的新疆人並沒有站出來，而現在一些叫囂的聲音說的並不是實話。我覺得新疆的發展，可以說是中國的奇蹟，是中國發展的一個體現。新疆越來越好，各族人民也真的團結，是不分你我的那種

中国移动　　　　　　　　4G ⏸ 81% 🔋 下午3:47

< 對方正在輸入...　　　　　　　　　...

**?** 狀態。我想問的問題是，您對新疆現在這樣的發展，有什麼看法？還有對這些誤解偏見有什麼看法？

我去過新疆，有幾點感受。第一，就是經過像 "7·5" 這種這麼大的恐怖主義事件之後，採取一些特殊的措施來解決恐怖主義問題，放到任何國家都應該是可以理解的；第二，實際上新疆的各少數民族，在文化方面總體上是高度開放的。我們常說少數民族能歌善舞，那裏的女孩子從來打扮得都是明豔漂亮的。而且你看 2018 年，大概到 8 月份，新疆已經有了一億人次的遊客，是歷史上最多的，這是了不起的成就。這也說明新疆是個安全的地方，遊客們對那裏是放心的。我們中國智庫代表團曾經到歐洲交流，他們就提到新疆問題。我就說，維吾爾族到今天用的都是自己的語言、自己的文字，這是對少數民族權利的尊重。我們代表團裏的成員都是漢族人，我們每個人都會唱維吾爾族的歌，所以我們可以給他們上課，跟他們交流。

第三章

# 中國是一個
# "文明型國家"

# "文明型國家"的崛起邏輯

當我們向其他人講中國時，總要先解釋中國是個什麼樣的國家，有什麼特點，中國現在在做什麼。我們知道，"民族國家"是西方政治話語中的一個重要概念，常常被用來判定和描述一個國家是不是現代國家。在西方話語中，中國總是被詬病不夠"現代"。我常說，我們的國家和其他國家不一樣，甚至很不一樣，因為我們古老文明形成的許多傳統，並沒有隨著現代國家的建立而消失，恰恰相反，是被保留下來了。而且，在現代國家的載體中，這些元素可能得到了更好的發揮。所以，無論是"民族國家"還是"現代國家"，都不足以描述出我們中國這個繼承了古老文明又在現代蓬勃發展的國家的特點。因此，我們有必要拋棄舊有概念的束縛，用新的概念去理解中國。這就是我想跟大家談一談的"文明型國家"。

首先我們要了解什麼是"文明型國家"。對於這個概念，我要提三位學者的觀點來進行說明。第一位是美國的政治文化學者白魯恂（Lucian Pye），他認為中國是不大可能建設成為一個現代國家的，包括現代的法治、現代的經濟、現代的國防等。其實現在很多"公知"也是持類似的觀點。白魯恂把中國稱為"文明國家"（civilization-state），並表示這兩個名詞是相同的概念。他講過一句很有名的話，說中國是"偽裝成現代國家的一個文明"。也就是說，表面上看，你是一個國家，但在本質上你是一個古老的文明，不是一個現代國家。所以他這句話是帶有貶義的。

第二位學者就是馬丁・雅克（Martin Jacques），他是我們復旦大學中國研究院的資深研究員，也是我的好朋友。他在 2009 年出版了一本頗有爭議的作品《當中國統治世界》。直白地說，這個書名，不太符合中國人的思維習慣，容易引起爭論，他本人也表示過異議，但是出版商堅持要用這個名，因為這樣才能賣得好，這大概就是人們常說的 "標題黨" 了。馬丁・雅克和白魯恂不一樣之處在於，他對 "文明國家" 這個概念做了比較中性的正面闡述，所以他得出一個非常明確的結論：中國不會變成另外一個西方國家，中國的崛起會改變整個世界。但馬丁・雅克也認為，在中國的 "民族國家" 和 "傳統文明" 這兩個特性之間，可能存在某種張力或是衝突。比如，他認為中國今後可能在東亞以某種形式復活自己歷史上存在過的朝貢體系，他還說中國人實際上有一種 "種族優越感"，這可能也會對現有的國際秩序形成某種挑戰。

第三位學者就是我自己。經過對中國模式和中國道路非常慎重的研究之後，我得出的結論是，中國首先是一個現代國家。但是，中華文明的種種特質又使中國這個現代國家與眾不同，它確實融合了古代文明與現代文明的長處。

我曾經簡單地提到過，無論走到哪裏，中華民族是世界上最勤勞、最向上、最平和的民族，中國人總在工作，總在努力改變自己的命運，無論走到哪裏，中國都有一種安全感，這些特質帶來了今天中國的崛起。但中國也接受了現代國家一些基本的理念，比如主權平等和尊重人權，所以中國不會恢復朝貢體系，也不會擁抱種族優越論。

因此，我用的是 "文明型國家"，與這個詞相對應的英文是 civilizational state。它和 civilization-state 是不一樣的，在 civilization-state 中，"civilization" 和 "state" 是兩個平起平坐的概念，而 civilizational 是一

個形容詞，意思是"文明型的"，用來修飾"state"。所以說，我提出的"文明型國家"概念比白魯恂的"文明國家"概念要積極得多。

我們的一些知識分子總是擔心西方是否"認可"中國，但一個"文明型國家"的最大特點就是，它不需要別人認可也可以獨立存在和發展。我的基本看法是，"文明型國家"具有超強的歷史底蘊和文化底蘊，它不會跟著其他國家亦步亦趨；這種"文明型國家"有能力汲取其他文明的一切長處而不失去自我，而且能夠對世界文明做出大量的原創性貢獻。

所以，我們反覆強調，中國做的事情不需要西方的認可。我多次舉過例子：漢語擴大自己的影響，不需要理會英語的偏好；孔夫子不需要柏拉圖來認可；《孫子兵法》不需要克勞塞維茨來認可；中國的宏觀調控也不需要美聯儲來認可。我們自己有原創能力，當然也有自己的標準。而更可能發生的事，實際上已經開始出現了，即漢語可能會逐步地對英語或其他語言產生影響；孔夫子和柏拉圖都為人類社會提供了寶貴的智慧；《孫子兵法》已經在影響，而且繼續會影響西方的軍事思想；中國的宏觀調控經驗，將來也會被西方國家學習，誰學誰受益。

西方總是基於自己有限的歷史經驗形成話語來解讀中國，如"西方中心論""歐洲中心論"和"歷史終結論"等，其結果便是深深地誤讀中國。它們的邏輯是，國家政治都是從所謂極權主義發展到威權主義，再到西方民主制度。從這種邏輯推導出的結論便是，歷史發展是單線條的，發展到西方的政治模式就終結了。而這些在我們看來是非常荒謬的。

"文明型國家"的崛起是一個完全不同的邏輯。首先要知道，在歷史上，中國是長期領先西方的。在過去的兩千多年裏，中國在至少四分之三的時間裏領先於西方，這種領先有其重要的原因，我把它稱為原因一。後來中國從 18 世紀開始落後，錯過了工業革命，承受了深刻的教訓，但通過過去數十年的努力和自己獨特的發展模式，中國又趕了上來，並且在某些方面還超越了西方，這個趕超的成功也有它的原因，我稱其為原因二。原因二和原因一之間有一種歷史的繼承和發展關係。這就是"文明型國家"的邏輯。這種邏輯意味著，我們現在的制度安排，融合了中國自己的歷史基因、紅色基因和西方的有益元素，這種制度安排是超越西方模式的。

舉一個例子來做個對比。我們在歷史上有民本主義的傳統，認為"民為邦本，本固邦寧"，政府要為人民做事情，首先就是關注民生，改善民生。而且，民生是包括物質生活和精神生活兩方面的，政府在這兩方面都要負起責任。到現在，我們的政府仍舊秉持這一理念，堅持關注民生，解民生之憂，謀民生之利。而在當下，無論西方國家自身，還是非西方國家，它們所走的西方模式最大的問題，就是政治機器空轉，政客們紙上談兵，不落實到改善民生的層面，所以西方模式在西方界和非西方界都開始走下坡路。

在西方模式邏輯和文明型國家邏輯的背後，實際上是兩種哲學觀在產生影響。一種是西方中心論的歷史單線發展的哲學觀，把世界看成是一個簡單地由落後向先進的單向度演變的進程：我代表最好的制度，然後你就發展我這個制度，這樣你就變得很好了。而"文明型國家"的哲學觀認為社會從來都是複合多元的。在中國人的歷史觀裏，各種發展模式都存在，從來都是百花齊放的，它們可以相互競爭，相互借鑒，甚至有時候是互相打架的。即使你的模式過去很好，但是驕傲使人落後，在你得意自滿的時候，很可能被人家趕上了，你成了落後的一方。所以它的歷史競爭是複合式的、多線條的、動態的。整個人類歷史就是這樣一路演變和發展過來的，只要人類存在，這種不斷變化的動態歷史進程便不會終結。

過去 40 年中，中西文化近距離大規模地相遇，不但沒有使大多數中國人喪失文化自信，反而促使中國人產生了新的文化自覺。雖然崇洋媚外的思潮在中國還有不小的生存空間，但中國人文化自覺和文化自信的大勢正在形成。這種自覺和過去那種文化自覺不完全一樣，它是國家全方位對外開放、實現崛起的情況下出現的一種新的文化自覺，是在一個新的、更高的舞台上，在對外部世界廣泛聯繫、廣泛了解的基礎上，形成的一種中華文明和中華文化的自覺。它的意義是非同凡響的。

曾經有人問過我為什麼要提"文明型國家"這個概念，我回答說，很簡單，首先我個人認為它確實揭示了中國崛起的邏輯。歷史上中國曾長期領先，這是有原因的。後來我們落伍了，現在又趕上來了，某些方面甚至超越了，這也是有原因的。前後的原因之間是有內在聯繫的。所以我覺得有必要把這個邏輯給揭示出來。這個邏輯不同於西方模式的邏輯，認識到這一點，我們才能正確認識中國的崛起和中國模式的優點，而不是跟在西方話語背後人云亦云，讓別人來解釋自己。

第二點，我實際上在闡述一個簡單而重要的事實：中國就是一個延綿不斷的古老文明與一個超大型現代國家的結合體。我要把這個事實講給更多的人知道，讓更多的人了解現在的中國到底是何種樣子以及為什麼是這個樣子。

第三點，我覺得特別重要：中國是個大國。你是五千年沒有中斷的文明，你的話語要有底氣。當這個文明融入大量的現代元素，既古老又現代，它一定是很厲害的。我們要意識到我們所具有的了不起的力量。習主席在上海進博會演講時說："經歷了無數次狂風驟雨，大海依舊在那兒！經歷了五千多年的艱難困苦，中國依舊在這兒！面向未來，中國將永遠在這兒！"

　　是的，我們歷久彌新，我們百折不撓，我們一直在這兒。

# "文明型國家" 的四個 "超級" 特徵

　　隨著中國的迅速崛起，中國文化也開始進入前所未有的繁榮和復興的時代。這種繁榮和復興，它的深度、廣度和強度，只有 "文明型國家" 才能做到。我們中國作為一個 "文明型國家"，有四個非比尋常的特徵，我稱之為 "四超"，"超" 代表著 "超級"，是其中的關鍵。"四超" 指的就是 "超大型的人口規模、超廣闊的疆域國土、超悠久的歷史傳統、超豐富的文化積澱" 這四項。在我看來，這 "四超" 正是我們這個文明型國家崛起的最精彩之處，是令整個世界都不得不仰望的。接下來我就對這 "四超" 進行逐一介紹。

　　第一是 "超大型的人口規模"。我們都知道中國是世界人口最多的國家，但你仔細想想，這不是 "一般的多"，這是 "超級的多"。我們只要拿出具體的數據做一對比，就能感受這種 "多" 帶來的震撼。全世界人口70 多億，我國人口 14 億，大約佔五分之一，也就是說五個人裏面就有一個是中國人。眾所周知，我們中國人講究春節都要回故鄉與親人團聚，所以我們每年的春運，30 億人次的運輸量，基本上就等同於把整個北美洲、南美洲、歐洲、非洲的人口數量加在一起，在不到一個月的時間裏，從一個地方挪到另外一個地方！人口眾多是中國面臨的最大挑戰，同時也是中國最大的機遇。凡是做產業的人今天都知道，如果在中國做到最大，在世界上可能也是最大的。因為中國擁有最大的客戶群體和消費市場。你看現在的一些互聯網公司，短短幾年就能成為幾百億乃至上千億美元市值的企業，超越西方那些百年老店。在我們這個人才濟濟的人口大國裏，確實是"天高任鳥飛，海闊憑魚躍"，什麼奇蹟都可能創造。

與我們形成鮮明對比的是印度。雖然身為世界人口第二大國，但印度在其歷史上沒有經歷過像我們中華民族這麼長久的人口整合過程。印度歷史上也出現過自己古老的哈拉帕文明，只是後來中斷了。而且後來印度動亂不斷，比較長的統一時期還是 19 世紀開始的英國殖民統治時期，所以外來的英語成為它今天主要的官方語言。但在今天真正能夠說英語、寫英語、掌握英語的印度人，實際上不到他們國家總人口的 10%。因此，印度雖然人口龐大，卻遠遠沒有中國人那種高度的文化同質性，沒有相同的語言、相同的價值觀和相同的生活方式。在這些方面，他們跟我們是沒法比的。我們比他們的凝聚力要大很多。

我經常用比較人口數量的方式來說明中國的規模之大。一個歐洲普通國家的人口大約是 1400 萬，中國的 14 億人口大約等於 100 個普通歐洲國家人口之和。整個西方國家的人口佔世界人口的 14%，而中國人口佔世界人口的 20%。我們的規模之大，可以說是許多西方國家遠不能及的。而受過教育和培訓的人民，則是我們"文明型國家"最大的財富。他們既是消費者，也是創造者；既是享受者，也是推動者。中國現在每年培養的工程師人數，超過美國、歐洲和日本的總和。中國崛起產生了巨大的規模效應，中國的製造業、國內外旅遊、電子商務、互聯網，特別是城鎮化、高速鐵路、物流、人工智能等行業的迅速發展，實際上都體現了這種規模效應。

從一個更廣的意義上看，由於人口效應，中國一旦改變自己，往往就能產生改變世界的效應，能夠引領標準和規則的改變，甚至引領世界的發展。比方說，現在世界進入了大數據時代，中國的人口數量和教育水平都意味著我們的大數據遠遠多於其他國家。有一種說法認為工業文明時代最主要的資源是石油，那麼信息文明時代最主要的資源就是大數據。中國的人口是美國的 4 倍多，中國的移動支付現在是美國的 70 多倍。所以中國人每天創造的大數據，無論是深度、廣度、厚度，都是美國和其他國家沒法比的。這對於 5G、雲計算、人工智能，對於新一代的新工業革命和新技術革命，對於未來世界上許多產業標準的確立，對於世界和人類未來的影響，意味著什麼？意味著，我們擁有決定未來的力量，未來是我們的。

第二是 "超廣闊的疆域國土"。中國幅員遼闊的疆土也是在漫長的歷史中逐步形成的，我稱之為 "百國之和"，意思是成百上千個國家慢慢整合到一起的。

在今天的世界版圖上，只有俄羅斯和加拿大的國土面積比中國大，但是這兩個國家從來沒有經歷過像我們中國這種 "文明型國家" 意義上的整合歷程。蘇聯曾經嘗試創造一個 "蘇維埃民族"，但隨著蘇聯的解體而化為烏有，以少數民族為主的各個共和國很快就獨立。坦率地說，如果不是普京執政時的強力措施扭轉了俄羅斯繼續崩潰的趨勢，而是繼續照搬西方模式的話，那結局很可能就是俄羅斯將持續不斷地解體。加拿大呢，我們都知道，它地廣人稀，歷史上經歷過法國和英國的殖民，那裏的國民除了原本的土著居民外，大部分是移民及其後代。它沒有悠久的歷史傳統，也沒有形成全國統一的文化。印度也是個人口大國，但它的國土面積實際上只有中國的三分之一，疆土內的整合程度也遠遠不如中國，很多地方反叛力量還遠未消滅。印度的種姓制度也是個大問題，阻礙了內部的人口流動和社會活力。

中國學者錢穆曾經比較過古代中國和古希臘，還有後來的古羅馬。他說古希臘是“有民無國”，古羅馬是“有國無民”，而古代中國是“有國有民”。古希臘沒有形成統一的國家，而是由一大批規模比較小或者是中等的城邦組成。有的上千人就算一個城邦，人多一些的也不過是十來萬人。它們小於中國秦漢時期任何一個郡縣的人口規模，而且從來沒有真正統一的中央政府。當強大的馬其頓王國進攻過來的時候，它們很快就被征服了。

羅馬帝國常年征戰，熱衷於開疆闢土。帝國最強盛的時候，疆域是350多萬平方公里，和中國的西漢相當。但在國家治理上，中國當時已經有了戶籍制、郡縣制等，而古羅馬始終沒有發生像秦漢時期那樣的內部人口整合。最後由於政治動盪、經濟衰退以及蠻族入侵，一度將地中海納為內海的羅馬帝國還是走向了解體和滅亡。隨後的拜占庭帝國（即東羅馬帝國）一般就不被認為是歐洲國家了。羅馬帝國滅亡之後，歐洲進入了史學家所說的長達千年的中世紀“黑暗時期”。通常認為，到了16世紀的“文藝復興”，歐洲才開始擺脫漫長的“黑暗時期”。

在古代中國，秦始皇於公元前221年就統一了中國，推行郡縣制，實行“書同文、車同軌”，統一度量衡，奠定了維持中國統一的政治和文化基礎。隨後的中國雖然經歷了很多次的分裂，但歷代的主流政治都是尋求統一。歷代的政治制度幾乎都可以追溯到秦漢時代，正如毛澤東說的，“百代都行秦政制”。中國“大一統”的傳統，自秦統一之後就一脈相承下來，形成了非凡的凝聚力和強烈的統一意識。

遼闊統一的疆域，使中國獲得了絕大多數國家都難以比擬的地緣優勢和戰略縱深。中國有強有力的中央政府和強大的國防能力，可以在超大規模的國土內進行戰略佈局，可以實現"西氣東送"、高鐵"八縱八橫"等人類歷史上罕見的現代工程。我們可以攤開地圖，看一看這些大工程的跨度和覆蓋範圍，才能體會到中國人在現實背後大手筆的浪漫和神奇！

廣闊的疆域國土在產業領域裏具有先天優勢。對於絕大多數國家來說，產業升級往往意味著要把產業遷移到國外，比如 20 世紀 90 年代以來，很多西方國家將製造業轉移到中國。但對於疆域廣闊的中國來說，我們在自己國家內部就可以實現大規模的產業梯度轉移，一般製造業可以從發達板塊轉移到新興板塊，但仍然留在中國境內，這就延長了中國製造業的生命週期，還帶動了新興板塊的經濟發展，創造了更多的就業崗位。

此外，"文明型國家"所形成的地緣優勢也使中國具有其他國家和地區難以企及的"地緣輻射力"。中國推動的開放政策，從沿海開放，到沿江開放，到沿邊境開放，到今天的"一帶一路"，環環相扣，層層遞進，分步驟有層次地實現了不同地區的開放，甚至將中國的邊境省份都變成了對外開放的前沿陣地。特別是現在歐亞鐵路的建設，包括渝新歐鐵路、連雲港義烏到歐洲的鐵路，還有正在建設中的從雲南通向東南亞的鐵路大通道，把整個中國與中亞、歐洲和東南亞國家都連成了一片。中國這種地緣優勢，是日本這樣缺少地緣優勢的經濟大國所難以比擬的。

在我們國家的經濟發展過程中，中央政府發揮了重要的作用，地方政府也發揮了重要的作用。這實際上也和中國的規模有關。這麼大的地域，這麼多的人口，需要中央政府和地方政府各司其職，相互配合，才能實現有效治理。中國縣級政府的良性競爭，被經濟學家認為是中國崛起最重要的原因。

　　中國有超廣闊的疆域國土，其數量級實際上等同於一個 "洲"。飛機飛三個小時甚至更長的時間，人還在自己的國家內。如果在歐洲飛行這麼長時間，肯定已經走過十幾個國家了。但你在這麼長的時間內，飛到另外一個地方，還是在中國境內，還是講中國話，吃中國菜，觀賞迥然有別的優美風光，領略各具特色的風土習俗，享受豐富多彩的中國文化，這是世間少有的精彩體驗。

　　我經常講這麼一個觀點：一旦能夠克服人口與地域這兩個 "超" 帶來的挑戰，創造的一定是世界奇蹟。舉個例子，為什麼我們的高鐵技術是世界最好的？因為首先你要能夠應對中國巨大的人口壓力。一個春運有 30 億人次，你必須在最短的時間內把如此龐大的乘客數量從一個地方運

▲ 奔馳在山水之間的貴廣高鐵

輸到另外一個地方。然後你要克服遼闊地域的挑戰。我國地形複雜多樣，平原、高原、山地、丘陵、盆地各種地形齊備。你的高鐵技術要能夠適應東北的凍土，要能夠適應江南密集的河網，要能夠適應雲貴高原崎嶇的地形。如果這些環境條件都能適應和克服的話，你的技術肯定比其他國家更加完備。所以在高鐵技術這個領域，我們確實是在全世界領先的。

第三是“超悠久的歷史傳統”。五千年延綿不斷的歷史，使中國在人類知識幾乎所有的領域，都形成了自己的體系和實踐傳統。我們在政治、哲學、教育、宗教、語言、文學、藝術、戲劇、音樂、建築、軍事、體育、醫學、飲食等方面，都有自己博大精深、自成體系的積澱。這種豐富的傳統性、內源性、原創性和連續性，都是其他民族或者其他文化難以望其項背的。

例如，由於人口眾多、地域廣大、自然環境複雜等因素，中國人在治國理政方面形成了自己獨特的傳統，其中之一就是我多次講過的民本主義 ——“民為邦本，本固邦寧”。還有我們相信的“民以食為天”“治國先治吏”“居安思危”等見解，以及我們經常講的“宰相必起於州部，猛將必發於卒伍”等理念，實際上都是我們祖先流傳下來的傳統智慧的一部分。而且我們可以看到，甚至早在中國歷史上的遠古時期，許多治國理政的獨特傳統就已經開始形成了，比如領袖要率先垂範，堯舜等君主都是道德上的楷模；比如政治組織要能夠組織大規模的治水工程，大禹治水有功，繼承帝位。秦始皇滅六國，建立大一統的王朝，更是開創了一種治理超大型國家的制度安排的先河。

今天我們選擇了社會主義道路並取得巨大的成功，實際上背後有中國傳統中崇尚平等的重要基因的作用和影響。比方說早在春秋戰國時期，我們就已經摧毀了血緣為基礎的土地壟斷，推動土地自由流轉。雖然在私有制之下，土地兼併、貧富兩極分化等問題屢屢發生，但我們也針對性地發明了緩解貧富分化的方法。例如，中國古代歷史上很多朝廷都採取"常平倉"的方法來平抑糧價、儲糧備荒 —— 糧價低時收購，糧價高時以低價出售，發生災害時，還可用儲備的糧食救災，以此達到"豐年利農、荒年利民"的目的。在中國這些制度安排的背後，是一種追求平等的精神。雖然它不會等同於我們今天講的社會主義平等觀，但確實給中國接受社會主義制度，鋪墊了一種大眾的文化基礎和心理基礎。所以說，中國人擁抱社會主義是有傳統基因的。

有人提出，中國會不會出現私人資本同時壟斷了技術和財富，出現類似日本和俄羅斯那種超級寡頭呢？其實，我們國家已經注意到這類問題，我們現在有《反壟斷法》。而且，我們應該注意到，中國制度跟美國不一樣。我經常說，中國制度是一百個最富的中國人不可能左右中共中央政治局，美國是一百個或者五十個富人就可以左右白宮。資本力量的特點是能夠創造財富，但容易導致兩極分化。所以在我們的資本力量上面，需要有政治力量的適當規範，否則要出大問題的。這也是"文明型國家"傳統的一部分。當然，對於壟斷，不光是中國，全世界都要關心這個問題。2018年，臉書公司（Facebook）向劍橋分析公司透露了8000多萬條用戶數據。劍橋分析公司就用這個來幫美國做競選分析，精準地推選廣告。這被認為是特朗普當選的一個主要原因。這件醜聞被揭發後，美國聯邦貿易委員會啟動調查，最後，臉書公司被罰了50億美元。

第四是"超豐富的文化積澱"。數千年延綿不斷的歷史，為我們積累了世界上最博大精深的文化資源。中華民族在五千年延綿不斷的文明歷史發展進程中，創造了氣勢恢宏、內涵豐富的文化成就。這些文化成就包括中國人崇尚的"天人合一"和整體主義。在中國古代，儒、釋、道互補，儒、法、墨共存，這對於今天這個充滿宗教衝突和對抗的世界仍然具有啟發意義。

中國文化的豐富性也意味著中國具有海納百川的文化包容性，可以融多樣為一體。中國光是方言就有上萬種，不同的地方有著不同的氣候、不同的地理環境、不同的風俗人情、不同的飲食和生活習慣。北京人、上海人、廣東人在生活習慣和思維方法上的差異，實際上不亞於英國人、法國人、德國人之間的差異。而且，我們還有 56 個民族之間的差異。這些差異不僅沒有造成嚴重的惡性衝突，還在中華文明"和而不同"的框架內，相輔相成，相得益彰，是一種獨樹一幟、無與倫比的精彩。

今天，覆蓋了中國大地、四通八達、代表著最現代技術的高鐵，實際上背後也有豐富的中國文化記憶。我們中國古代歷史上就有很多這種線性的大工程，從秦直道、萬里長城到京杭大運河，都承載著勞動者的智慧和技巧，聯結了不同地域的人們的生活。而且我發現，互聯網世界的年輕網民們有很多非凡的創意。我見到有人把高鐵和列車運行圖製作成跟地鐵圖一樣的示意圖，還配上各種各樣親切生動的解說文字，說早上還在上海吃生煎包，晚上就能到雲南吃鮮花餅，諸如此類，貼近生活，很能引發讀者的興趣和共鳴。"八縱八橫"的高鐵給中國人帶來的不僅是出行的便利，而且也激發出各種歷史文化的積澱。作為一個"文明型國家"，中國有世界上最多姿多彩的自然風光，有最深厚豐富的人文景觀，當然也有最有滋有味的美食佳餚，生活在其中是何等幸福！

凡是能夠綿延數千年香火不斷的東西，一定有其獨特的地方，甚至有非常偉大的智慧。一個五千年延綿不斷的文明本身就是人類歷史上一份最偉大的物質和非物質文化遺產，我們對此首先要心懷敬意。中華文明是世界上唯一還活著的古老文明，雖然古老，但至今根深葉茂，生機勃勃。西方話語充斥著的“先進”和“落後”、“民主”和“專制”、“高人權”和“低人權”這些詞語，是一種過分簡單乃至簡陋的概念，是無法描述中華文明的。中華文明的內涵比這些概念要豐富一千倍、一萬倍。所以我們一定要當心，不要拿這種西方所謂的現代性標準來隨意否定自己的文明，而是要像對待一切珍貴的物質和非物質文化遺產那樣，認真地呵護，理性地分析，辯證地吸收。我們不僅要看看這些文明的事物和因素已經給我們帶來多少輝煌和成就，而且還要看看它們對現在和未來的中國以及整個世界會有什麼特殊的意義。

“文明型國家”既是一個國家，又是“百國之和”，是成百上千個“國家”慢慢整合起來的。“四超”的共通之處是它們都融“傳統”與“現代”為一體。在中國模式的引導下，中國“文明型國家”的四個“超”——人口、土地、歷史、文化，都成為中國崛起的最大優勢。反過來，如果我們放棄中國道路和中國模式，去照搬西方模式的話，中國作為“文明型國家”的這麼多優勢，恐怕就會蕩然無存，甚至發生反轉，變成最大的劣勢：“百國之和”的人口將成為混亂和動盪的溫床；“百國之和”的大一統疆土將成為四分五裂的危險地域；“百國之和”的歷史將成為無數傳統紛爭和對抗的藉口；“百國之和”的文化將成為各族群之間大規模衝突的根源。結果，“百國之和”變成了“百國之異”，強調共識的政治會變成強調對抗的政治。經過這個視角的對比和分析，我們可以更加充分地理解中國崛起對中國本身、對中國人自己、對整個世界、對全體人類的偉大意義，我們因此能夠感到無比自豪，也因此對未來充滿自信。

# "一帶一路" 與 "文明型國家" 的關係

2019 年 4 月 25 日,第二屆 "一帶一路" 國際合作高峰論壇在北京舉行。4 月 27 日,國家主席習近平出席記者會並做了講話。"一帶一路" 這個倡議,是習主席在 2013 年提出的,主要是指 "絲綢之路經濟帶" 以及 "21 世紀海上絲綢之路"。習主席把 "一帶一路" 比喻成中國這隻大鵬所插上的兩隻翅膀,如果建設好了,大鵬就可以飛得更高更遠。這是個非常形象的描述,也是中國進入新時代之後,對整個中國開放空間佈局的一個非常長遠的統籌思考。自 2013 年提出後,"一帶一路" 倡議已經推進了好幾年,我們也越來越能見到這一倡議所蘊含的重要意義和價值。

中國模式的特點就在於,它有比較長遠的思考,一旦確定好目標和方案,執行速度是非常快的。正因如此,在六年不到的時間裏,"一帶一路" 已經成為當今世界上規模最大的合作平台,也是最受歡迎的公共產品之一。在說這句話的時候,我甚至都不想加 "之一" 這兩個字。截至 2019 年 3 月,已經有 123 個國家、29 個國際組織同中國簽署了共建 "一帶一路" 的合作文件。這就表明,世界上多數國家對中國提出的 "一帶一路" 倡議,表示了信任與支持。這個數字和比例,已經證實它是最受歡迎的。

為什麼它會如此受歡迎呢?它是如何突破西方國家的話語詆毀,獲得信任和支持的呢?眾所周知,西方國家總是以國際社會自居,但世界上的多數國家並不屬於西方國家。現在世界上多數國家都認同 "一帶一路",意味著它給多數國家帶去了好處,這些國家樂意接受和加入。外交部長王毅在 "兩會" 上舉過八個例子,來說明 "一帶一路" 給參加國所帶來的發展機遇和實實在在的好處。比如,通過 "一帶一路" 合作,東部非洲有了

▲ "一帶一路" 漫畫

第一條高速公路，這條高速公路建在埃塞俄比亞境內，完全採用中國技術和中國標準；馬爾代夫有了第一座跨海大橋 —— 中馬友誼大橋，這座橋施工難度非常大，所在海域被稱為 "惡魔之海"，但是中國人硬是把橋建成了，證明了我們強大、過硬的技術能力；東南亞一些國家，如印度尼西亞和泰國，正在中國建設者的幫助下建設高鐵。

在烏茲別克斯坦，中國公司幫助當地打通了一條施工難度非常高的隧道。這是世界上難度最大的隧道項目之一，幾十公里的隧道，需要經過七個不同的地質斷層。很多包括歐美公司在內的國際工程公司都對此望而生畏。但是我們的工程師硬是把它啃了下來，向世界展示了當今中國工程的技術水準和品質。當地老百姓過去坐火車需要幾個小時，甚至更長時間，現在只需要十來分鐘就可以通過。

還有中歐班列，它是目前亞歐大陸上距離最長的合作紐帶。短短幾年間，從零開始，到現在已經累計超過一萬列次。它有三條主要通道：一條是西部通道，主要連接中國中西部，包括重慶、成都等大城市，經新疆霍爾果斯出境；一條是中部通道，主要連接東北地區，經二連浩特出境；另外一條是東部通道，主要連接東南部沿海地區，從世界最大的小商品集散地義烏，經滿洲里開往歐洲。這些通道，讓歐亞大陸成為一個巨型的統一市場。

特別具有故事性的例子是民營企業家李書福的吉利集團和白俄羅斯合資建設、生產吉利的博越 SUV。這讓白俄羅斯第一次擁有了自己的轎車製造業。白俄羅斯總統盧卡申科說 "非常感謝中國，中國幫我們實現了轎車夢"。這是頗具傳奇色彩的成就。這個項目幫白俄羅斯一國實現了轎車夢，但對李書福的汽車事業而言，可能只是個小項目。

還有一個值得讚賞的案例是肯尼亞的蒙內鐵路（從蒙巴薩到內羅

畢）。這個項目為當地創造了將近 5 萬個工作崗位，拉動 GDP 增長達到
1.5%。而且，為了保證野生動物可以安全穿過鐵路，蒙內鐵路在穿過內羅
畢國家公園時採用全高架方式，對當地的生態環境和野生動物起到保護作
用。這說明我們的合作方式不僅在經濟上是有利的，而且還注意到了生態
文明的維持和延續。

　　我個人覺得，我們現在宣傳"一帶一路"往往強調我們對別人的幫
助，這就會讓有些人產生誤解，以為我們是花錢賠本賺吆喝，實際上，我
們也應該適當講述一下"一帶一路"給中國企業和中國自身帶來的利益和
好處。"一帶一路"之所以廣受歡迎，是因為我們奉行"共商、共建、共
享"的原則，根本上由市場機制來驅動。只要堅持這一條，實際上不用太
擔心國家會在其中承擔虧損，企業會根據市場經濟的規律做出自己的判
斷。而且，在"一帶一路"基礎設施建設中，中國注重將自身的發展經驗
同其他經濟體的戰略目標相對接，而不是由中國單方面制定規劃、對方被
動配合來完成，所以，"一帶一路"是真正互利共贏的。例如，在王毅部
長所舉的例子中有個哈薩克斯坦的例子。哈薩克斯坦的經濟過度依賴石油
和天然氣，因此它現在想發展多元化的經濟。中國就與它這個規劃對接，
將它盛產的小麥賣到東南亞，一是從連雲港走海路，二是從重慶南下廣
西，最終運抵東南亞。哈薩克斯坦因此第一次有了自己的出海通道。這種
方式，打通了"陸上絲綢之路"和"海上絲綢之路"的聯繫。而且這種戰
略規劃對接，是互利雙贏的。

　　中國的一些經驗，實際上很多國家已經在借鑒了，其中最典型的就是
園區建設。中國在這方面具備一整套的經驗，比方說"港口＋倉儲＋企業
＋城鎮建設"，都是成套的。在"一帶一路"沿線國家和地區，可以看到很
多中國企業提供一攬子服務或者一攬子方案，前景非常好。中國現在已經

▲ 蘇州工業園區

在 "一帶一路" 沿線建立了 80 多個不同類型的工業園區。這是我們國內一套比較成熟的方法，許多國內的企業非常熟悉，外國企業也比較熟悉，主要包括 "園區 + 物流 + 企業 + 住宅區" 等配套建設。這吸引了很多中外企業，到園區去投資和生產，由園區集中提供法律、物流等各項服務。

另外就是我國的規劃能力。中國人民不僅基建能力強，規劃能力也是世界第一。國內有一些智庫就專門做這個業務，為國外的一個鎮、一個城市，或者一個政府部門提供規劃，結合當地情況做調研，拿出可以執行的規劃。這方面我們的經驗非常多，有很多經驗可以和其他國家分享。同時，中國已經有很多項目展示了非常好的示範效應，建立起了比較好的口碑。

一些西方國家對中國的 "一帶一路" 耿耿於懷，在我看來很大程度上是出於妒忌。它們針對中國的指責，主要存在幾種說法。一種是說中國給人家提供貸款，造成了所謂的"債務陷阱"。但是，中國的貸款與西方的貸款存在很大不同，中國的貸款絕大部分都具有建設性，實實在在地創造了很多優質資產，這些資產將來會升值或者已經升值了。我們可以做個對比。美國慣用的"剪羊毛"手法，是先用洪水般的熱錢捲入第三世界國家，把房產和股票炒熱，然後製造危機，等價格跌下來，以最低價購入資產。幾個回合下來，它們收割了大量優良資產，第三世界國家剩下的只有債務、危機和貧窮。而中國的"一帶一路"投資是建設性投資，建成了公路、鐵路和橋樑，既發展經濟又改善民生。

還有一種說法是指責中國搞"新殖民主義"。這種說法在非洲多數國家沒有人相信。每兩年，中國會舉辦一次中非合作論壇高峰會議。每次參加這個論壇的非洲國家元首和政府首腦，比參加非盟最高峰會的領導人還要多。還有一個例子就是馬來西亞總統馬哈蒂爾，西方媒體認為，這位總統在一定程度上對"一帶一路"有些懷疑。但馬哈蒂爾總統是這麼說的："中國作為我們的鄰國已經有兩千年了，但他們從來沒有來征服我們。但是1509年，歐洲人來了，在兩年的時間裏，他們征服了馬來西亞。"關於西方所謂的"債務陷阱"，馬哈蒂爾認為"中國人天性上是非常棒的商人"，而那些國家是否從中國借入資金，是這些國家自己做的決定，馬來西亞也會根據自己的需要做出決定。記者問如果只能在美國和中國之間選一個，你會選誰？他說："目前我認為，美國做事情非常反覆無常。這個時候，我們得接受，中國與我們很近，是一個巨大的市場。我們想從中國增長的財富中獲益。"馬哈蒂爾總統的話講得非常明確，中國人不搞殖民，善於經商，還樂於助人，這些優點是被其他國家看在眼裏的。所以說，雖然西方在言論上極力詆毀，但中國還是靠實際行動贏得了第三世界國家的信任。

此外，有些國家認為，"一帶一路"項目背後的目的不明確，讓它們不免會感覺到威脅。面對這種觀點，我們首先要了解一個事實，即實際上現在很多國家的媒體都或多或少地受到西方媒體的影響。西方媒體說"一帶一路"是中國在推行擴張主義，搞地緣政治。我們當然無法控制西方媒體，但是我們可以實事求是地看看這些項目產生的結果，確實為參與各方帶來了很大的收益。這就說明，無論西方說什麼，最終評價還要看東南亞和中國"一帶一路"合作所取得的具體實踐成果。"一帶一路"沿線國家，尤其是東南亞、南亞和非洲的國家，使用的智能手機80%以上都是中國製造的。中國製造的各種家電，現在在"一帶一路"沿線國家非常受歡迎。我們還可以用數據去判斷。國際組織皮尤中心，每年在世界各地做"你對中國人的印象"調查。以非洲為例，非洲多數老百姓很歡迎中國投資。你也可以研究中國和非洲的貿易數據、中國和東南亞的貿易數據。2018年和2017年相比，中國和東南亞國家的貿易額增加了11%，這是非常高的速度。事實勝於雄辯。"一帶一路"沿線國家用行動支持了中國，支持了"一帶一路"倡議。

今天，美國還在拚命阻攔"一帶一路"倡議，但是西方世界確實是人心散了，大家都有自己的小算盤。意大利不顧美國的反對與中國簽署了雙方推動"一帶一路"的諒解備忘錄，成為西方七國集團中率先和中國簽署協議的國家。意大利雖然是七國集團國家之一，但它南部基本上處在發展中國家的狀態，基礎設施嚴重落伍。"一帶一路"對於意大利而言是為數不多的機遇。此外，當時中國倡議成立亞洲基礎設施投資銀行，美國說我們的盟友一個都不要加入。結果是，英國帶頭加入，幾乎所有的歐洲國家都加入了。沒有加入的只有美國、日本、澳大利亞等少數幾個西方國家，但現在其中有些國家也在研究是否需要加入。意大利經濟發展部副部長傑拉奇就在博鼇論壇上講，據他了解，至少還有兩個 G7 國家也想加入 "一帶一路"。

為什麼我們對 "一帶一路" 倡議比較自信？一個重要的原因是，中國是一個文明型國家，中國崛起是一個文明型國家的崛起。英國《金融時報》的一位主筆拉赫曼先生寫過一篇評論文章，標題就是 "文明型國家的崛起"。他在這篇文章中將 "文明型國家" 這個概念泛化了。他說，西方國家過去一直宣傳普世價值，但現在中國人說自己是一個文明型國家，印度人也說自己是一個文明型國家，俄羅斯人也說自己是一個獨特的文明，土耳其人也說自己是一個獨特的文明，現在甚至連支持特朗普的美國保守主義學者，也說美國是一個獨特的文明。應該說，拉赫曼非常敏銳地注意到了這個世界的變化，注意到了世界文明多樣性的事實。

拉赫曼跟我是老朋友，他讀過我的書《中國震撼：一個 "文明型國家" 的崛起》。我們之間有過多次長時間的交流，他了解我的觀點。所以我老講中國人要自信，中國的學者要自信，要用中國概念和中國話語去影響西方，影響世界。他們接受我們的觀點，修正他們原有的理解框架，有助於達成共識，共謀人類文明的進步。

接下來，我簡單地分析一下我們 "文明型國家" 的 "四超" 與 "一帶一路" 未來的關係。

第一是超大型的人口規模。中國的人口規模大約是 100 個普通歐洲國家人口規模之和。中國每年培養的工程師數量超過美國、日本和歐洲的總和。數量多、素質高的工程師隊伍和勞動力大軍，使中國得以形成世界最完整和最齊全的生產鏈和產業鏈。短短 40 年，中國已經形成世界最大的中產階層，向世界輸出最多的遊客，並且其消費能力高於西方遊客，甚至高出很多，成為眾多國家和地區最歡迎的顧客群體。中國人熱愛儲蓄的文化，又使得中國保持了全球最大的人民幣儲蓄和外匯儲備，迅速成為世界上最大的對外投資國之一。2018 年，按照美元官方匯率計算，中國國內的消費規模已接近 6 萬億美元。如果按照購買力平價計算，中國已經形成了世界最大的消費市場。這一切為 "一帶一路" 提供了超大規模的人才儲備、商品、資金和市場，而且這些條件隨著 "一帶一路" 的深入發展，在未來比較長的時段內會越來越好。

第二是超廣闊的疆域國土。中國既是一個大陸國家，又是一個海洋國家，具有超強的地緣文明輻射力。自 15、16 世紀歐洲的 "地理大發現" 以來，隨著西方力量的上升，海洋文明和海權壓倒了大陸文明和陸權。以大陸文明為特徵的古絲綢之路，就這樣逐步衰落，最終消失。世界的政治和經濟格局因此發生了巨大變化。長期以來，全球的產業鏈基本都沿著海岸線配置，導致了內陸國家和內陸地區的普遍落後。"一帶一路" 倡議作為一個新載體，推動互聯互通和各項要素流通，讓中國的廣大內地和許多內陸國家及地區，從商貿開放的後方一躍成為前沿。比如，中歐班列讓中國新疆、四川、重慶、河南等地，以及中亞和中東歐這些原本深居內陸的地方，都成為世界商貿開放的前沿。在這個意義上，"一帶一路" 正在糾正過去四五百年所形成的海洋文明對大陸文明的主導地位。

如果說自 "地理大發現" 起，海洋文明持續影響了世界四五百年，帶來整個西方世界的崛起，那麼 "一帶一路" 正在開啟一個海陸文明再平衡的進程。它將會為眾多國家和地區帶來大量發展機遇，以及超長的增長期。所以說，從廣義上講，"一帶一路" 有可能推動建構一種新的地緣文明。這種新的地緣文明將超越西方傳統的地緣政治與零和博弈，不再以鄰為壑，而是以合作共贏為基調。當然，這肯定需要一個長期的互動與合作過程。

　　第三是超悠久的歷史傳統。中國有著極為豐富的歷史資源，可以加以開發，用於塑造新型的全球關係。西方歷史上有上千年的宗教戰爭和宗教衝突，帶去無數生靈塗炭和財富損失，而中國歷史上鮮有宗教戰爭，傳統宗教非政治化，儒釋道兼容並蓄，和諧共存。在今天的全球治理中，對於如何處理不同文明、不同文化以及不同宗教之間的關係等議題而言，中國的傳統智慧是非常寶貴的智力資源。這意味著，中國對其他文明和文化具備尊重的基礎，因此，中國也有可能為世界提供更加中性的公共產品，從而在國際事務中主持公道。舉個例子，非洲國家過去大部分是歐洲大國的殖民地。歐洲大國都是以自我為中心的，不論是西非的加納，還是東非的肯尼亞，所搭乘的航班都需要到倫敦轉機。中國則不一樣，“一帶一路”的目的在於幫助非洲國家內部建立現代交通網絡，包括高速公路網、鐵路網、區域航空網。西方媒體散佈的所謂“中國正在非洲搞殖民主義”謠言，在這些現實面前不攻自破。

　　第四是超豐富的文化積澱。這些文化積澱是中國作為“文明型國家”崛起的重要助力，也意味著中國文化傳統中的許多理念和實踐，包括民本主義、合作共贏、協商民主，現在可以成為引領“一帶一路”的核心理念。民本主義意味著“一帶一路”倡議會高度重視改善民生。政治不應該與改善民生脫節，政治一定要落實到民生方面的改善上，落實到能為百姓提供更優質服務的層面上。“一帶一路”所提倡的“要致富，先修路”本身就是中國民本主義理念和中國建設實踐的產物。“合作共贏”是對中國文化中“推己及人”“同舟共濟”“己欲立而立人，己欲達而達人”等理念的偉大傳承。“一帶一路”所堅持的“共商、共建、共享”原則，在我看來，是新型國際關係的黃金法則，它近乎完美地體現了中國人信奉的“協商民主"。

如果說第二次世界大戰後法、德等國於 1951 年達成的"煤鋼聯營"通過把煤炭和鋼鐵的生產綁在一起,結束了歐洲主要國家之間連綿不斷的戰爭歷史,從而深刻改變了整個歐洲的政治、經濟和社會格局,那麼中國推出的"一帶一路"創舉正通過國與國的互聯互通,特別是政策溝通、設施聯通、貿易暢通、資金流通、民心相通,改變著整個世界的經濟格局,並將產生比歐洲當年"煤鋼聯營"更為深遠的政治、經濟和社會影響。

德國總理默克爾在達沃斯演講時說:中國已經崛起了,我們西方要正視這個事實,要在國際治理中,在國際制度安排中,比方說世界銀行、國際貨幣基金組織的改革中,讓中國發揮更大的作用。但這方面我們走得太慢了,中國人就決定自己幹,並且自己開始幹起來了。所以他們成立亞洲基礎設施投資銀行、絲綢之路基金,大規模地推動"一帶一路"倡議,等等。默克爾的話反映出,現代國際治理體系確實需要與時俱進,需要很多方面的改革,否則無法適應包括中國在內的整個非西方板塊的崛起。例如,發展中國家對基礎設施有著巨大的需求,但西方主導的國際秩序遲遲不予回應,而中國推出的"一帶一路"倡議,切中時弊,一下子獲得多數發展中國家的積極響應。你看,它們不積極,就怪不得中國和其他發展中國家另起爐灶了。

中國崛起是一個既定事實,是西方國家無法否認、無法阻攔的。並且,中國不僅自己崛起,還通過"一帶一路",在互動和合作中,將文明型國家的優秀理念和實踐經驗分享出去,推動世界朝著更好的方向發展。這既是現代中國為世界發展做出的貢獻,也是古老的中國文明經過歷史沉澱和時間洗禮,為人類進步提供的智慧之光。

1987 年,鄧小平會見坦桑尼亞前總統尼雷爾。當時尼雷爾擔任南方

（指發展中國家）委員會主席，鄧小平對他說，你們南方委員會要處理的事情，就是南北問題，還有南南問題。人類要發展，不解決南北問題不行。發展中國家與發達國家關係問題，現在的趨勢是富的越富，窮的越窮，五分之一越來越富，五分之四越來越窮。不解決這樣的問題，人類就沒有辦法進步；發展中國家不擺脫貧困，發達國家要發展也會遇到障礙。解決辦法是南南之間發展合作，並且加強南北對話。

今天我們再回顧這樣的講話，仍然有振聾發聵之感。如果發展中國家能夠發展起來，可以提供更大的市場，這不僅對發展中國家有好處，對西方國家也有好處，可以說，這是對全人類都有好處的事情。但西方國家在世界範圍內，玩贏者通吃的遊戲已經上癮了，要它們改邪歸正並不容易。隨著中國崛起，這一情況在改變，我們該說的話一定要說，該講的道理一定要講。而且中國有實力，不僅這麼說，還帶頭這麼做。現在有些西方國家還不適應，有點不知所措。但隨著時間推移，也有些西方國家已經開始意識到與中國合作的必要性，共建"一帶一路"。

王毅部長在 2019 年的"兩會"記者會上有一段非常精彩的講話。他說，美國有一些人想和中國脫鈎，但是和中國脫鈎就是和機遇脫鈎，和未來脫鈎，就是某種意義上和世界脫鈎。這段話，很好地展示了一種中國自信。反過來說也是一樣的：任何一個國家，包括中國，如果抓住了"一帶一路"，就抓住了機遇，抓住了未來，某種意義上就贏得了整個世界。我想，這將是大勢所趨，人心所向，是無法阻擋的潮流。

# 對話與討論："一帶一路" 和民族復興

中国移动    4G .ull 81% ▬ 下午3:47

< 對方正在輸入 …    …

**?** 大家都知道，目前中國經濟面臨著下行壓力，經濟環境也不太穩定。在此情況下，"一帶一路" 政策又需要耗費大量的人力物力，這對於中國經濟有什麼積極意義呢？

在我看來，"一帶一路" 就是我們抵禦經濟下行的有效途徑之一。中美貿易摩擦，最壞的局面就是美國對我們的出口產品全部增稅。實際上我們內部是有這個計算的。從目前公開的數據來看，如果美國政府對我們所有出口美國的商品全部加稅，實際上也就影響我們 GDP 的 0.5%。
中國經濟早就啟動了深度調整的進程。中美貿易額目前是六千多億美元，而中國與東南亞之間的貿易額現在已經達到五千多億美元，而且一年之內增長了 11%；中非貿易額增長更快，目前為兩千多億美元，而增幅仍然保持在 20%。
此外，整個 "一帶一路" 倡議，是我們開放政策的一部分，先是沿海開放，然後是沿江開放、沿邊開放，現在是 "一帶一路"，它們是層層遞進的。過去幾年的時間裏，雲南、貴州、新疆、河南等 GDP 的增速國內領先，這裏有"一帶一路"的拉動作用。比如河南是一個大的交通樞紐，中歐班列從零到一萬多列，已經產生這樣的效應。

"一帶一路"戰略中，我國確實做了很多基礎設施建設，還有大量的對外投資。您認為我們應該如何向"一帶一路"沿線國家，還有西方國家，宣傳我們和平崛起的思想？

我們需要把"一帶一路"的故事講好。中國智能手機相關企業，對外拓展十分神速，市場份額擴展速度罕見。它們採用的就是中國模式。美國模式類似於蘋果手機，是由別人來適應；而中國企業每到一個國家，會根據當地的風俗習慣，設計適應當地的產品。比如，印度語言特別複雜，就多開發表情包；非洲人喜歡跳舞，那麼手機音量要大。這就是入鄉隨俗，因地制宜。實際上，這背後就是兩種不同的文化和理念。

中国移动　　　⁴ᴳ￼ 81% ▭ 下午3:47

< 對方正在輸入…　　　　　　　　…

我們需要把這些中國人的理念講給全世界。結合 "一帶一路" 的成功案例，我們有大量的信息可以利用，可以把中國故事講好。雖然西方主流媒體還是具有很強的影響力，但好在 "一帶一路" 沿線國家，特別是非洲國家，有數據和民調，還有很多政府官員批駁西方媒體的論調。CNN 說肯尼亞會因為 "一帶一路" 陷入債務危機，肯尼亞總統肯雅塔的回答可謂 "一劍封喉"，他說非洲國家所欠債務的四分之三，都是西方國家的債務，巴黎俱樂部的職責就是重新安排這些債務。這些債務往往不創造生產，而我們中國修建的道路和橋樑，大都是能升值的優質資產，實實在在地推動了所在地的經濟發展，孰優孰劣，一眼即可見分曉。

? 電視上經常說要 "偉大復興中國夢"，我就想，"偉大復興中國夢" 到底是怎麼樣一個復興，有沒有某個指標或者具體到某個時候？是要復興到唐朝或者宋朝那個時候的狀況嗎？萬國來朝，就是中國影響力很大的那種。我們理科生喜歡拿指標說話，您覺得 "偉大復興中國夢" 有沒有具體化的說法？

中国移动　　　　　　　4G .ill 81% ▆ 下午3:47

< 對方正在輸入…　　　　　　　…

我專門寫過一本書叫《中國超越》，具體講超越美國。你仔細看習主席的十九大報告就能發現，它實際上已經描繪了一個非常清晰的圖景，就是到 2050 年就應該實現民族的偉大復興。復興不是回到唐朝，那個不叫復興。復興是中國在現代世界橫向的比較中，變成一流的國家 —— 一流的科技、一流的工業、一流的軍隊、一流的國防，是這樣一個標準，屬於世界最先進國家的行列。

當然，我們從"文明型國家"角度説，過去很多歷史淵源都可以變成最精致的、最重要的資源的一部分，但是它最終是一個超大型的現代國家。我特別要強調，"文明型國家"首先是現代國家，但它延續了中國文明的許多傳統，包括唐朝的一些傳統，這是中國非常精彩的地方。

# 第四章

# "幾十年走完幾百年"
## ——中國工業革命的速度奇蹟

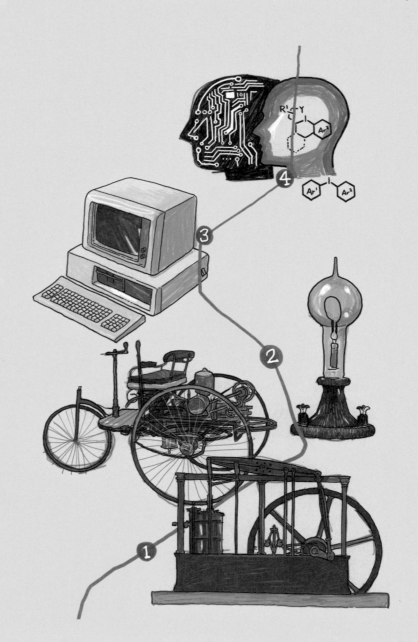

# "集四次工業革命為一體" 的崛起

　　要讀懂中國，一定要對中國的發展和變化的速度有所認識和體會。我們經常聽到這樣一種說法，就是在中國，如果你半年沒有到過一個地方，半年之後再去，就會發覺它發生了變化，甚至很大的變化。中國這樣的變化、這種速度和規模，坦率地說，在其他國家和地區很少能夠看到。還有一種說法，我覺得也有道理，就是現在的中國人，不管什麼年齡，一生可能體驗了外國人幾輩子的生活。後來我就在思考，如何從比較世界歷史的視角，來解釋這樣一種精彩。

　　"第四次工業革命"是近年來大家都在談論的熱門題目之一。工業革命的概念，起源於英國爆發的第一次工業革命。自 18 世紀下半葉起至今，大約 250 年的時間裏，人類已經經歷了四次工業革命。在我看來，中國的精彩和奇蹟，大致可以這樣概括，就是中國人在過去 40 年內，幾乎完整地經歷了第一次、第二次、第三次工業革命，現在開始經歷第四次工業革命。因此，我把中國崛起稱之為"集四次工業革命為一體"的崛起。也就是說，今天 30 歲以上的中國人，差不多都完全經歷了這種"集四次工業革命為一體"的人生體驗。很多人在成長過程中一步一步見證了中國工業建設的奇蹟。當然，很多人也參與了這場奇蹟的創造過程。這種經歷對於多數國人來說，只能用"精彩"兩個字來形容，而且這種"精彩"還在繼續。我們的同胞，包括很多"90 後"，甚至"00 後"，會不斷感受到這種"精彩"。

由於眾所周知的歷史原因，中國不僅錯過了第一次工業革命，也錯過了第二次工業革命。改革開放的 40 年，也是中國奮發"補課"的 40 年。我們工業化的速度很快，幾乎是每十來年完成一場工業革命，或者基本完成一場工業革命。這 40 年，我們不僅補上了別人 250 年的課，而且在不少方面還超過了他們。

20 世紀 80 年代到 90 年代初的十來年，我們國家通過大力發展鄉鎮企業，完成了以紡織業等輕工業為主的第一次工業革命；90 年代初到 21世紀初的十來年，我們大致完成了以電力、內燃機、石化工業、家用電器、中高端基礎設施等為主的第二次工業革命，然後幾乎與西方國家同步進入以信息化和通信產業為代表的第三次工業革命。從開始追趕到如今，我們已經成為第三次工業革命的佼佼者。目前，整個世界正在經歷從第三次工業革命到第四次工業革命的轉折期。以大數據、人工智能、量子通信等為代表的第四次工業革命，將極大地改善人類生活，改變人類社會的運作方式。可以說，中國已經進入了第四次工業革命的"第一方陣"。了解了這些，我們就更可以理解習近平主席在慶祝改革開放 40 週年時候所說的這段話："我們用幾十年時間，走完了發達國家幾百年走過的工業化歷程。在中國人民手中，不可能成為可能。我們為創造了人間奇蹟的中國人民感到無比自豪、無比驕傲。"

更令人讚歎的是，中國"集四次工業革命為一體"的崛起，是一個完全和平的過程，沒有像西方國家那樣建立在血腥殘暴的原始積累上，這是非常了不起的奇蹟。我們可以跟歐洲近代發生的工業革命做一比較。如果以 1776 年英國人瓦特發明蒸汽機為標誌，那麼也就是 18 世紀下半葉到 19世紀上半葉，第一次工業革命首先在英國爆發。現在西方和我們國內的一些學者認為是所謂民主、自由、法治等條件引爆了這場工業革命，顯然是不符合史實的。工業革命始於 18 世紀下半葉，而早在這之前，英國已經依靠自己的軍事力量，逐步戰勝主要對手，取得強國的地位。

英國海軍早在 1588 年就打敗了主要勁敵西班牙的無敵艦隊，成為新的世界海上霸主。1600 年，英國成立了自己向外擴張的 "國企" —— 東印度公司，極力拓展自己在印度和美洲的殖民活動。始於 16 世紀下半葉的奴隸貿易，到 18 世紀中葉，也就是工業革命的前夕，達到最高峰，給英國資本家們積累了豐厚的啟動資金。從 1689 年到 1763 年，英國和法國之間打了四次戰爭，特別是第四次英法戰爭，英國大勝，從法國人手中獲得了今天的加拿大以及今天美國密西西比河以東的全部領土。這就意味著，在工業革命發生之前，通過一個半世紀的殖民掠奪，英國已經擁有了超過自己國土面積數十倍的殖民地；通過一系列的貿易活動，包括煙草貿易、奴隸貿易、蔗糖貿易等，英國早已成為當時世界綜合實力絕對領先的國家；通過國家力量，英國已經為自己打造了一個包括商品、勞動力、資本、原材料市場在內的統一的跨國市場。

簡而言之，所謂的工業革命，一般具有以下四個特點：一是革命性的新技術，二是非常強勢的政府，三是超大規模的生產能力，四是世界範圍內的要素流動與產品銷售。以此為框架，我們可以簡單地梳理一下中國的工業革命歷程，也就是我講的過去 40 年中所發生的 "集四次工業革命為一體" 的奇蹟。

中國的第一次工業革命，大約從 1978 年的改革開放開始，到 1995 年前後基本完成。它有兩個標誌：一是鄉鎮企業異軍突起，其產品很快就佔領中國普通消費品市場的半壁江山；二是自 1988 年開始的沿海開放戰略，使世界的勞動密集型製造業開始轉移到中國，讓中國生產的普通消費品走向全世界。

中國的農村改革始自家庭聯產承包責任制。這場改革解放了農村生產力，很快解決了多數農民的溫飽問題，使剩餘勞動力得以流向鄉鎮企業。鄉鎮企業分佈廣，大部分都集中在勞動密集型產業，特別是紡織業、農副產品加工業，以及其他輕工製造業。它主要依靠市場調節，員工亦工亦農比較靈活，因此能夠適應市場變化的各種需求。

1988 年，中央提出了"沿海發展戰略"，叫"兩頭在外，大進大出"。所謂"兩頭在外"，就是原材料進口這一頭在外邊，銷售出口這一頭也在外邊，把整個沿海地區的產業，放到國際市場上競爭。當時的國際大背景是，一波新的全球化浪潮襲來，隨著勞動力成本的升高，許多發達經濟體開始調整產業結構，將勞動密集型產業轉移到勞動力成本比較低的地方。當時中國沿海地區的人口近兩億，和美國人口大致相當。而且中國的人力資源受教育水平較高，相對便宜。此外，中國具有初步的、比較完善的基礎設施，中國的科研開發能力也比較強。其實，我們從中也可以看出，40年改革開放的成功，離不開中華人民共和國前 30 年建設所奠定的基礎，包括國家獨立、政治體制安排、土地改革、教育普及，以及婦女解放等一系列因素。中華人民共和國創造了很好的初始條件，使得當時對外開放的中國能夠吸引外資，最終成長為今天這個經濟規模。

現在回頭想想，中央當時這個"兩頭在外，大進大出"的決定是很大膽的。當時國務院提交給鄧小平一份《沿海地區經濟發展的戰略問題》的報告。鄧小平批示道："完全贊成。特別是放膽地幹，加速步伐，千萬不要貽誤戰機。"鄧小平是軍人出身的政治家，用詞也帶有濃厚的軍事色彩，"千萬不要貽誤戰機"是他一貫的風格。這個戰略的實施，促使世界許多地區的勞動密集型製造業開始向中國轉移，有力地推動了中國的第一次工業革命，也為後來的第二次工業革命鋪平了道路。

對於普通中國人而言，第一次工業革命給他們留下的印象就是，整個國家開始動起來了。人人都想擺脫貧困，走向富裕。人民的夢給喚醒了，社會的每個細胞都調動起來了。當時有個調侃的說法，叫作："十億人民九億商，還有一億跑單幫。"這說得顯然是相當誇張了，但很能反映當時神州大地活力迸發的熱鬧景象。其實，今天一些我們熟知的企業家，包括任正非和馬雲，當時真的是在跑單幫。華為的任正非，當時手拉肩扛地在三四線城市為香港公司做代理，推銷程控電話設備。年輕的馬雲開了一家翻譯社，請退休的大學老師幫忙做翻譯，順便還賣一些鮮花、禮品、藥品和雜貨。他曾經就在離東方衛視不遠的地方到處攬活。人家看著他那樣子還有點猶豫，都不願意把翻譯這活兒給他。但是，今天上海就在後悔為什麼當年沒有把馬雲留在上海。所以我們千萬不要小看現在大膽創業、勇往直前的年輕人，他們中間可能就有未來的任正非或馬雲。

我自己把中國的第一次工業革命完成的時間節點定在 1995 年左右，主要理由是，這一年有一些標誌性的事件發生。第一個標誌性事件是從國家宏觀目標的角度來看的，鄧小平在改革開放之初，確定了到 2000 年中國國內生產總值要翻兩番的目標，也就是我們講的達到 "小康" 水平，這個目標在 1995 年提前完成。第二個標誌性事件就是在 1995 年，中國成為世界最大的紡織品生產國和最大的紡織品出口國。紡織業經常被視為第一次工業革命的代表，所以此時我們在數量方面做到了世界第一。另外，也是在 1995 年前後，中國在全國範圍內正式告別了票證制度。我們這一代記得非常清楚，當時有糧票、油票、肉票、布票、自行車票等各種各樣的票，拿著票才能購買食品和生活用品。這些票證是計劃經濟年代的專屬印記。到了 1995 年，"短缺經濟" 結束了，人民生活水平基本達到了小康水平。

　　另外，在第一次工業革命期間，中國的初級基礎設施，包括普通公路、鐵路、民航，都發展得比較快。中國在推動“一帶一路”時候所說的“要致富，先修路”，實際上也是中國第一次工業革命積累的經驗。

　　我把中國第二次工業革命的起點定在 20 世紀 90 年代初，完成的時間在 2010 年左右。我自己比較傾向於把 1992 年鄧小平南方談話作為中國第二次工業革命的起點，因為這次談話是一個標誌性事件，可以說是中國在 1978 年第一次思想解放之後的第二次思想解放。如果說第一次思想解放 ——“實踐是檢驗真理的唯一標準”，某種意義上預示了中國的第一次工業革命，那麼鄧小平的南方談話，可以說是中國第二次工業革命的發號令。

　　1992 年前後，第一次工業革命即將完成，中國在重化工業、電子工業、能源工業、家電工業、製造業、城鎮化和中高端基礎設施方面出現了全面需求。也是在這一年，中國正式提出了“社會主義市場經濟”模式，上海的浦東開發計劃邁出了實質性步伐，廣東省提出 20 年內要趕上亞洲“四小龍”。同年，中國還出台了《有限責任公司規範意見》和《股份有限公司規範意見》。因此，1992 年經常被稱為中國公司的元年。中國有史以來最大的企業家群體開始在中國興起，其中有很多優秀的企業家至今仍然非常活躍。

　　第二次工業革命的一個主要標誌，是 2001 年中國加入世界貿易組織，以及加入之後給中國和世界帶來的巨變。中國加入這個全球最大的多邊貿易體制，促進了各種生產要素和產品在世界範圍內的流通和配置，為中國產品開闢了有史以來最廣闊的市場。由於全球化帶來的競爭壓力，西方的製造業也開始大規模地轉移到中國，這一切大大加速了中國第二次工業革命的進程。

　　我之所以把中國第二次工業革命基本完成的時間定在 2010 年左右，是因為這一年前後有幾個重要的標誌性事件。首先是到 2009 年，中國的鋼消費佔全世界的 50%，鋁消費佔 41%，銅消費佔 36%。還有一個最重要的標誌就是，2010 年中國超過了美國，成為世界最大的製造業國家。要知道，在 1990 年的時候，中國製造業佔世界製造業的比重是 2.7%；而到了 2010 年，這個比重變成了 19.8%，接近 20%。換言之，中國在 2010 年成為世界製造之首，成為世界最大的工業國。過去我們不用 "發達國家" 這個概念，而是用 "工業化國家" 來描述，中國已經成為最大的工業化國家，而且中國內部形成了全世界最大、最全面的配套產業鏈。2012 到 2013 年，中國成為世界最大的貨物貿易國，同時開始形成世界最大的中產階層。

　　對於普通中國人來說，第二次工業革命給人印象最深的，大概就是

▲ 中國首座 "超級鏡子電站" —— 敦煌 100 兆瓦熔鹽塔式光熱發電站

"整個中國開始亮起來了"。1978 年,中國人的用電量只有 2500 億千瓦·時,農村地區大部分還沒有電,城市電網不穩定。到 2010 年的時候,中國人的用電量已經是 4 萬億千瓦·時,而中國的發電量在 2011 年超過了美國。過去我們到國外的城市,感覺人家就是亮,我們就是暗。現在情況反過來了,我們變亮了,他們看著變暗了。

在那個時候,華為公司的任正非做出了一個戰略決定,進行獨立研發。他從模擬通信設備做起,剛開始做出的產品賣不掉,確實有一些損失,因為碰上了數字通信產品。可以說他是直接從第二次工業革命轉入第三次工業革命。此時的馬雲還在做翻譯,1995 年他以翻譯的身份,到美國加利福尼亞州去參加一個高速公路項目的融資談判,這也算是馬雲在第二次工業革命中的一個簡單參與。結果項目沒有談成,他倒是發現了美國的互聯網。他悟性了得,回國後就做"中國黃頁"。馬雲也是從第二次工業革命直接進入到第三次工業革命的代表人物。

中國的第三次工業革命,可以說幾乎與第二次工業革命同時爆發。如果我們以 1994 年中國首次獲准接入互聯網作為起點,那麼這場革命延續至今仍然沒有結束。以信息化和通信產業為代表的這場工業革命,在中國進展神速。起初的時候,中國是追跑,然後是並跑,現在則在不少領域裏開始領跑,成為第三次工業革命的佼佼者。大家回憶一下我們使用的手機品牌的變更,從諾基亞、愛立信,到蘋果、三星,到今天的華為、小米等許多國產品牌,背後折射出的是中國人在這場工業革命中,從 2G 到 5G 一路追趕到超越的歷程。

20 世紀 90 年代初,世界數字通信進入 2G 時代。當時歐洲使用的是 GSM 標準,美國使用的是 CDMA 標準,歐美之間互相競爭,中國只能當個寂寞的旁觀者,那時候國內用的設備大多是愛立信的。從 3G 開始,中國開始參與標準制定，提出了中國人自己的 TD-SCDMA，後來與歐洲標準、美國標準並列為三大 3G 國際標準。當時，對於中國人做自己的標準這件事，國內的意見是不統一的，因為當時我們的產業鏈建設還不成熟，很多國內外企業廠家不願意用。最後，如果我沒有記錯的話，是中國移動公司拿了牌照帶頭使用，這才打破了尷尬局面。當時很多中國 "公知" 都在罵，說用歐美標準挺好的，為什麼還要浪費錢自己制定標準。現在中國人都懂了，標準競爭才是最重要的競爭。我們制定標準，我們說了算。

好在中國在這場移動通信的標準之爭中，面對爭議和質疑堅持下來了。到了 4G 時代，工信部頒發 4G 牌照，中國三大運營商拿到的都是中國 TD-LTE 牌照，這是國家對中國佔有話語權的 TD 標準的最重要支持。此後，中國技術和中國標準，開始逐步走向成熟，而它背後，有著世界最大的移動通信市場，這是我經常強調的一個文明型國家的規模效應。到了 5G 時代，中國的華為公司就開始佔據引領地位了。中國在 5G 應用方面，領先了其他國家一大截子。

現如今，以大數據、人工智能、量子通信為代表的第四次工業革命正在發生，正在改變整個人類社會的運行方式，改變所有人的生活方式。而中國，正站在這次革命的前沿。我們多數國人在過去數十年中都經歷了從農業文明到工業文明再到信息文明的進程。歐洲現在還在用工業文明的眼光看信息文明，所以抵觸比較大。中國人的態度是更加開放的，一種新的文明形態不可避免地來了，我們就擁抱它。發展中產生的新挑戰，會相應地產生新規則、新倫理，中國人的做法是，在發展中解決問題。人類要探索，勇於面對新挑戰是不可避免的，我覺得中國人的這種態度是對的，以寬容開放的心態去迎接未來，才能贏得更大的未來。

集四次工業革命於一體的這種崛起，具有劃時代的意義。我們是唯一能夠向全世界提供四次工業革命的產品、服務和經驗的國家，這是很了不起的。在"一帶一路"沿線，你需要的產品中國都能提供。比如說肯尼亞的蒙內鐵路，中國提供的是第二次工業革命產品 —— 內燃機的機車，但是我們也給它們留下了升級為第三次工業革命產品的可能，即一流的通信設備、一流的電力設備。全產業鏈的服務產品我們都可以提供。"一帶一路"在發展中國家如此受歡迎，也是我們國家工業發展成就的一個很好的佐證。

## 中國已進入第四次工業革命的"第一方陣"

有人認為中國的崛起實際上就是從低起點起步，並不值得太多的誇耀，就好比班裏的一個後進生，從 30 分提到 60 分很容易，從 60 分提到 90 分恐怕就沒那麼容易。我之所以講"集四次工業革命為一體"，就是中國已經完成了第一次、第二次工業革命的補課，在第三次工業革命中從追趕到領先地位，而在第四次工業革命中，中國已處於第一陣營，坦率地說，歐洲已經沒法與我們競爭。這已經不是剛才講的從 30 分到 60 分了，而是到 90 分了。華為崛起只是代表之一，實際上中國還有很多其他公司非常低調，但其實做得非常出色。在企業界、產業界、科技界、國防工業界，都有這麼一大批團隊，做得非常好，是世界一流的水準。

科技的發展和國家的進步，不光是科學家和工程師的事，它需要每個人的參與。現在我們很多新的技術和設備，只有在應用的過程中，由於消費者遇到現實問題，再去升級和完善，才能夠得到更大規模的應用。我們的消費者規模巨大，它產生迭代升級的效應更快，這就是我們的產品水平快速提升的最大助力。最終我們擁有了足夠完善的技術和足夠廣泛的用戶數據，能夠進入世界市場競爭，並參與這個領域的規則制定。我們現在有4億人的中等收入階層，有總共14億人民對美好生活的向往，這是我們發展的最大底氣所在。

應該說，中國已經超越歐洲，進入了第四次工業革命的"第一方陣"。歐洲落後的原因之一就是，它們到現在都沒有自己的搜索引擎，過去它們還嘲笑中國，說中國不能上谷歌（Google），不能用臉書（Facebook），結果現在突然發現自己的大數據掌握在美國人手裏。因此，在第四次工業革命中，可以直白地說，歐洲已經出局了，因為這次工業革命最大的資源就是大數據。大數據，相當於能源革命中的石油。

現在，中國在智能手機、移動支付、即時通信、網絡購物、外賣配送等領域，在世界範圍內都處於領跑地位。而且，部分第三次工業革命的產品，也越來越多融入了第四次工業革命的元素，特別是大數據和人工智能。這場革命顯然在改變中國、改變整個世界。對於普通中國人來說，這場革命給人印象最深的大概就是："整個中國連起來了，整個中國快起來了，整個世界都連起來了。"還有就是"一部手機，全部搞定"。這種不可思議的便捷程度，到現在為止全世界只有中國一個國家做到了。

其實中國以前也經歷過很多工業化的嘗試。比如近代中國進行的"洋務運動"和"辛亥革命"，以及新中國成立初期，進行了很多次工業化嘗試。為什麼這些嘗試都沒有能夠成功地引爆工業革命呢？我自己研究工業革命，有一個初步結論，就是一個成功的工業革命，至少需要三個條件：一是比較強勢的政府，西方國家的崛起，都是持劍經商，政府掌控暴力推

▲ 5G 實現萬物互聯互通

動商業發展，當然，今天這個方法不再適用，但是政府要推動工業化還是需要具備國家能力；二是要有廣泛的社會參與，要把社會每個細胞都動員起來；三是市場規模一定要大，而且要是國際化的市場，不光是國內的市場。

用這三條標準來看，"洋務運動"過程中的政府非常弱，當時清廷剛剛經歷過兩次鴉片戰爭，割地賠款，政府缺乏能力。整個社會中的多數人也根本不了解什麼是"洋務運動"，只有政府裏的小部分人在主張。此外，中央政府與地方政府還有矛盾，市場就更加狹小，國際市場幾乎沒有。民國時期也是一樣的道理。民國嘗試了美國的政治制度，導致國家四分五裂，變成軍閥混戰。民國政府是分裂的，社會是分裂的，市場是分裂的，所以形成不了真正的工業革命。

中華人民共和國的前 30 年，探索還沒有完成，還沒有找到一條工業革命成功之路，但是這個探索是有價值的。政治體制的建立，獨立的國防體系的發展，特別是抗美援朝，我覺得這一仗是定乾坤的，為後面 60 餘年的和平奠定了基礎；比較完整的、初步的工業體系，也在那時建立起來；土地改革建立起我國的土地制度，中國今天能夠建高速公路，建這麼多的 4G 基站，還有 5G 基站，與我們的土地制度密切相關；婦女解放，使得中國婦女成為中國全面發展的生力軍。

但是，當時也有一定的問題。其一，就是對市場持有不小的疑慮，當時的國內市場相當小，同時缺乏全球化的機會；其二，從政府角度來談，當時可能還在過多地強調階級鬥爭，對經濟發展重視程度總是有點不夠；其三，在社會層面上，社會不夠成熟，活力程度不夠。我們是那個時代的過來人，現在回想起來真是很有感觸的。比方說"大躍進"，要生產五百萬噸鋼，這個就是沒有尊重經濟規律。而如今，中國的鋼產量穩居世界第一。

為什麼中國能夠在一代人多一點的時間裏實現"集四次工業革命為一體"的崛起？我簡單地總結三點。

第一，因為中華人民共和國在前 30 年的建設中打下了基礎，包括土地改革、教育普及、婦女解放，包括獨立的國防體系、初步的工業體系、初步的科技體系等。

第二，因為我們整個的發展方針是民本主義導向的改革開放。我們樂於學習別人的一切長處，只要有利於改善人民生活水平，我們就去試驗，試驗的效果好就去落實，但是在這個過程中絕不盲從。

第三，因為我們的歷任最高領導人都高度重視科技，重視科技對經濟和社會發展的引領作用。這是非常重要的。正是中國領導人的戰略眼光和前瞻意識，讓中國抓住了一次又一次跨越式發展的機遇。第一次、第二次工業革命時，鄧小平說出"發展才是硬道理""科學技術是第一生產力"這些真知灼見；到江澤民的時候，中國加入 WTO，接入互聯網；現在習近平主席的態度也是非常明確的，關注新舊動能轉化，關注新的經濟增長點。我曾說過，習近平擁抱 2050，擁抱新經濟；特朗普擁抱 1950，恨不得紡織、鋼鐵、煤炭產業都要回到美國，這是兩種完全不同的思路。

我們要知道，新中國成立 70 多年，我們的改革開放也已經走過了 40 多年的歷程。中國逐步實現由站起來，到富起來，到強起來的飛躍。遠的不說，在改革開放時代，中國對整個時代的判斷是"和平與發展"，這對中國的成功非常重要。而與此同時，西方對這個時代的定位與我們形成了鮮明對比。他們在乎"第三波民主化"，在乎"民主還是專制"，到處推動顏色革命。蘇聯怎麼定位的？當時最後那位領導人戈爾巴喬夫提出，"全人類利益高於一切”。這個聽上去很好，人類利益是很重要，我們也講人類命運共同體，但他不知道西方虎視眈眈地要吃掉蘇聯，蘇聯內部也有民族矛盾。此外他提出“人道的民主的社會主義”，聽上去也都挺好，但結果是向西方普世價值投降了。

這就是抽象地談民主導致的結果。最後戈爾巴喬夫完全接受西方的定義，西方的民主才是民主，蘇聯的民主就不是民主。有一個蘇聯的前副外長，專門負責跟美國談判人權，我看了他後來寫的回憶錄。他說我越跟美國代表談人權，越覺得美國代表講得真對，雖然我表面上講得跟他不一樣。找戈爾巴喬夫匯報跟美國的人權談判進程時，這位副外長發覺，戈爾巴喬夫跟他想的一樣。政治高層的價值觀已經如此，蘇聯最終崩潰解體就不足為奇了。

有時候我確實覺得，我們中國人講的很多東西，雖然我們現在聽得多了覺得是套話，但是拿到世界上都是很重要的價值觀。比方說，和平與發展，世界上多數國家都期望和平與發展，這是真正的時代潮流。我們中國把握住了這個潮流，走和平發展道路，所以中國成功了。

現在中國的科技發展遭遇西方封堵是不可避免的。聽說美國有個議員提出一個法案：禁止進口中國製造的列車設備，理由是中國可能拿列車系統來對美國進行間諜活動。這個在我們聽起來是很不理解的。以 20 世紀80 年代的美國為例，它沒有生產過自己的列車設備，都是從日本的川崎重工、加拿大的龐巴迪、法國的阿爾斯通進口，但那時候它沒有提出任何問題。所以目前對中國技術設備的封堵，其實就是暴露了一種擔憂。在中國科技的崛起面前，西方的信心在逐漸地喪失。

中國只要做好自己的事情，繼續發展科技，自然會贏得市場和客戶。例如，歐盟正在考慮使用中國的 5G 技術。而美國則在對德國使用華為技術提出警告，說德國一旦使用華為技術，將停止或者減少情報共享。德國的情報是很依賴於美國的，但在這一威脅面前，它還是要堅持使用中國技術，因為這對它來說是不可或缺的。我們要堅定信心，自信滿滿地在未來創造更多的奇蹟。

## 對話與討論：中國發展的優勢

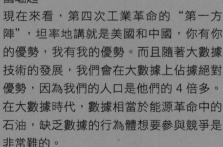

中国移动　　　　　　　　　4G .ull 81% 🔋 下午3:47

＜　對方正在輸入⋯　　　　　　　　⋯

? 美國持續加大對中國發展的打擊，那麼這是否意味著中國改革開放 40 年來的黃金發展期已經結束？

不會的。當 2010 年中國製造業總量超過美國，基本上這就是英文語境中的 tipping point（轉折點）已經過去了。今天中國製造業總量是美國、德國、日本之和還要多一點，這就意味著它根本沒有辦法阻止中國崛起。

現在來看，第四次工業革命的 "第一方陣"，坦率地講就是美國和中國，你有你的優勢，我有我的優勢。而且隨著大數據技術的發展，我們會在大數據上佔據絕對優勢，因為我們的人口是他們的 4 倍多。在大數據時代，數據相當於能源革命中的石油，缺乏數據的行為體想要參與競爭是非常難的。

另外就是制度優勢。很明顯，在規劃能力、戰略定力、改革能力和整合能力方面，美國都比中國要弱一些。所以我覺

中国移动　　　　　　　　4G ▂▂▏ 81% ▭▋ 下午3:47

< 　對方正在輸入…　　　　　　　　…

得，中美某種程度的交鋒是避免不了的。但是過了一段時間之後，它知道確實是沒有辦法阻止你，最後可能的大趨勢就是"如果打敗不了你，就加入你"。

 究竟是什麼造就了如今良性發展的中國經濟？

最重要的一點是我們的哲學基礎，即實踐理性。我們不相信任何教條，只相信實踐是檢驗真理的唯一標準。所以我們任何的新措施，都要先試驗一下。回過頭來看這 40 年，全球化是西方推動的，包括政治全球化和經濟全球化兩部分。但中國當時做的決策是參與經濟全球化，拒絕政治全球化。就這一個決定，現在看來對中國意義深遠。哪怕是對於經濟全球化，中國對於資本市場放開的態度，也是相當慎重的，也注重趨利避害，這是一個例子。
另外一點就是我們的開放政策，開放的大方向是極其重要的。鄧小平老説我們落後的一個重要原因是自我封閉。中國人很聰明，一開放中國人就會發覺別人這個地方做得比你好，就願意去學習，而且學習之後，還想辦法把它超越。

◁　　○　　□

# 第五章

# 影響世界的
# 中國經驗和理念

# 中國從 "立" 到 "強" 的發展歷程

2019 年 10 月 1 日是一個偉大的節日，這一天是我們慶祝中華人民共和國成立 70 週年的日子。回望歷史，述說成就，感慨萬千。新中國成立的這 70 年中，前 30 年，我們完成了重要的基礎建設，主要是政治基礎和社會基礎，也奠定了基本的工業基礎，此外還有國防科技等其他方面重要的基礎建設，所以我說這叫 "三十而立"。隨後，在這些基礎上，我們實現了 "四十而不惑"。在過去 40 年中，我們幾乎是以每十來年完成一場工業革命的速度，從追趕到並跑，再到不同領域內的超越，現在實際上已經進入第四次工業革命的第一方陣。而且更重要的是，我覺得我們找到了自己成功的道路，我稱之為中國道路或者中國模式，在這個意義上可以說我們 "四十而不惑"。今天根據購買力平價，中華人民共和國事實上已經是世界上最大的經濟體。我們創造了世界最大的中產階層，我們有世界最完整的產業鏈，我們消除了世界最多的貧困，我們具有世界最大的外匯儲備，我們還向世界輸出最多的遊客……我們還有很多其他的成就。面對這一切，我們感到由衷自豪。我想這一切已經並將繼續改變整個世界的格局。

1949 年 10 月 1 日中華人民共和國的誕生，是開天闢地的大事。從這一天開始，中國歷史翻開了全新的一頁。它改變了中華民族的歷史，改變了整個人類歷史的進程。這一天，中華人民共和國的締造者毛澤東主席心潮澎湃，他在開國大典前講過這麼兩段話，可以反映出他當時的心情。一段話是這樣說的："我們有一個共同的感覺，這就是我們的工作將寫在人類的歷史上，它將表明：佔人類總數四分之一的中國人從此站立起來了。"另一段話是："中國人民將會看見，中國的命運一經操在人民自己的手裏，中國就將如太陽升起在東方那樣，以自己的輝煌的光焰普照大地，迅速地蕩滌反動政府留下來的污泥濁水，治好戰爭的創傷，建設起一個嶄新的強盛的名副其實的人民共和國。"

開國大典是下午三點整開始的，當時主要考慮的一個問題是安全，因為國民黨雖然兵敗如山倒，但是還能從尚未解放的浙江舟山群島出動飛機轟炸北京。把開國大典的開始時間放在下午三點，這樣空襲的可能性就大大降低，因為當時轟炸機的夜航能力非常弱，如果真敢出動，估計來了就

▲ 祝福祖國生日快樂！

回不去了。當天下午兩點時，毛澤東主席在中南海勤政殿主持了中央人民政府委員會的第一次會議，通過了《中國人民政治協商會議共同綱領》，宣佈中華人民共和國成立。隨後，毛主席和朱德、劉少奇、周恩來等領導人，驅車前往天安門城樓。下午三點整，開國大典隆重開始，毛主席走到麥克風前，向全世界宣佈：中華人民共和國中央人民政府成立了。頓時，整個廣場歡聲雷動。接著毛主席按動電鈕，在代國歌《義勇軍進行曲》的旋律中，升起了第一面五星紅旗。54 門禮炮齊鳴 28 響，象徵從 1921 年中國共產黨誕生，到 1949 年新中國成立這 28 年間，中國人民為民族解放所進行的英勇鬥爭。

　　新中國的兩個偉大符號 —— 國旗和代國歌也誕生了。它們有著非同尋常的歷史。五星紅旗的設計者來自上海，名叫曾聯松，他不是專業設計師，而是年僅 32 歲的業餘美術愛好者，也是一位飽經戰亂的熱血愛國青年。當時上海剛解放不久，曾聯松對即將成立的新中國充滿了憧憬和期待。7 月，他從報紙上看到了新政協籌備會刊登的徵求國旗圖案的通知，決定嘗試一下，然後夜以繼日地構思設計，靈感來自仰望星空時 "盼星星，盼月亮" 這一聯想。

　　他決定以大五角星來象徵中國共產黨，以幾顆小星環繞大星來象徵廣大人民圍繞在黨的周圍，團結奮鬥，從勝利走向勝利。但究竟應該有幾顆小星，這是他的一個糾結。後來當讀到毛主席在《論人民民主專政》一文中講的人民包含四個階級 —— 工人階級、農民階級、小資產階級和民族資產階級時，他決定畫四顆小星，分別代表四個階級，同時也可以從廣義層面指全體中國人民。接著他又反覆構思如何在旗幟上放置這五顆星。起初他是把大星小星都放在旗幟中間，但感覺畫面比較呆板局促。又經過反覆修改，最後把五顆星挪到旗幟左上方，頓時有了一種視覺開闊、星光照耀大地、輝煌燦爛的感覺。

他把這份設計定稿寄給了新政協籌委會。毛主席看了非常喜歡，在政協討論國旗設計方案時說，這個圖案表現了我們革命人民大團結，現在要大團結，將來也要大團結，現在也好，將來也好，又是團結又是革命。曾聯松本人也收到了中央人民政府辦公廳給他的感謝信，上面寫著：曾聯松先生，你所設計的中華人民共和國國旗，業已採用，茲贈送人民政協紀念刊一冊，人民幣五百萬元（相當於後來的 500 元），作為酬謝你對國家的貢獻。一位普通的上海熱血青年的才華和奮鬥，鑄就了一段流芳百世的輝煌。

用《義勇軍進行曲》作為國歌，是著名教育家、新中國的第一任教育部長馬敘倫先生的提議。《義勇軍進行曲》誕生於 1935 年。1931 年 "九一八事變" 後，日本侵華戰爭喚起了中國人絕不當亡國奴的吼聲。1934 年，時任中國左翼作家聯盟領導人，也是劇作家的田漢，決定寫一個以抗日救亡為主題的電影劇本。由於時間倉促，他就把自己創作的這個電影主題歌的歌詞寫在香煙盒的襯紙上。剛剛完成電影的故事梗概和歌詞，他就被國民黨政府逮捕了。聶耳看到這首歌詞，特別是 "起來！不願做奴隸的人們！把我們的血肉，築成我們新的長城！" 這句，被深深地打動。當時聶耳才 23 歲，在上海聯華影片公司二廠擔任音樂部主任。他是經田漢介紹加入中共的。聶耳不顧個人安危，主動要求為這首歌作曲。據他的友人回憶，在創作《義勇軍進行曲》時，他住在淮海中路的一所公寓裏，"幾乎是廢寢忘食，夜以繼日，一會兒在桌子上打拍子，一會兒坐在鋼琴前彈琴，一會兒在樓板上不停地走動，一會兒又高聲地唱起來"。據說為了唱起來更流暢，聶耳還對歌詞做了一些小小的修改。比如田漢的原文 "我們萬眾一心，冒著敵人的大炮飛機前進"，聶耳改成了 "我們萬眾一心，冒著敵人的炮火前進！前進！前進！進！"。這首歌是電影《風雲兒女》的主題歌，在上海灌製成唱片後，迅速傳遍整個中國大地，極大鼓舞了中國人民的抗日戰爭。直到今天它仍然鼓舞著中華兒女奮力前行。

在新政協討論國歌時，大家對這首曲子沒有爭議，但對歌詞"中華民族到了最危險的時候"這一句有些議論，甚至連田漢本人都認為可以修改一下。但梁思成、黃炎培等人認為，這首歌曲是歷史的產物，曲和詞最好都不做修改，還以法國《馬賽曲》為例來說明這個問題。毛澤東主席和周恩來總理也同意他們的看法，認為新中國要"居安思危"。周恩來當時還說："用原來的歌詞才有那種感覺。修改以後唱起來就不會有那種情感了。"最終，新政協一致通過《義勇軍進行曲》為中華人民共和國代國歌。隨後，毛主席、周總理和大家一起放聲高唱《義勇軍進行曲》。可惜今天找不到當時的影像資料了，否則那畫面不知道會感動多少人。

開國大典那天，奏代國歌和升旗儀式之後，毛主席宣讀《中華人民共和國中央人民政府公告》，向全世界鄭重宣告："本政府為代表中華人民共和國全國人民的唯一合法政府。"公告宣讀完畢後就開始閱兵式，由人民解放軍陸海空三軍組成的方隊，通過主席台接受檢閱。參加閱兵的部隊幾乎都是直接從戰火硝煙中走來，走過天安門，走向新中國。其中很多將士開國大典後不久就再次奔赴前線，解放尚未解放的國土，包括大西北和大西南。鄧小平、劉伯承就是參加完這個儀式後於 10 月 21 日奔赴漢口，去指揮解放大西南。

我們的人民軍隊從小到大，從弱到強，一路走來，最終成為令敵人聞風喪膽的鋼鐵長城，成為對"台獨""藏獨""疆獨""港獨"等一切敵對勢力的最大震懾，捍衛著中國今天來之不易的崛起。在開國大典的閱兵式上，海軍和空軍才剛剛組建。大家可能記得，開國大典上實際上只有十來架飛機。由於數量少，周恩來總理便安排第一組飛行隊繞一圈後，回來接著後面的一組再飛一圈，讓場面更壯觀一些。這使我想起了 2015 年九三大閱兵時，一位網友發的一條感動無數國人的微博，那是一張周恩來總理站在天安門城樓凝思遠望的照片和一段令人觸景生情的文字：開國大典的時候飛機不夠，您說飛兩遍吧。現在再也不需要飛兩遍了，要多少有多少。這盛世，如您所願，山河猶在，國泰民安。當年送您的十里長安街，如今已是十里繁榮。

當時我們的海軍也才剛剛在江蘇泰州組建，沒有幾艘像樣的戰艦。但今天我們已擁有了航空母艦、055 型驅逐艦這樣的一大批一流艦艇，而且具備了大家說的像"下餃子"一樣的製造軍艦的能力。我們為人民軍隊建設取得的巨大成就和國防科技工業的輝煌業績，感到由衷自豪。

開國大典後還有三件事也值得一提。一是人民英雄紀念碑的建造，二是國徽的設計，三是被稱為第二國歌的《歌唱祖國》的誕生。1949 年 9 月 30 日，開國大典前一天，傍晚 6 時，毛澤東主席率領全體政協委員在天安門廣場舉行了人民英雄紀念碑奠基儀式。在這個儀式上，毛主席宣讀了由他親自撰寫的碑文："三年以來，在人民解放戰爭和人民革命中犧牲的人民英雄們永垂不朽！三十年以來，在人民解放戰爭和人民革命中犧牲的人民英雄們永垂不朽！由此上溯到一千八百四十年，從那時起，為了反對內外敵人，爭取民族獨立和人民自由幸福，在歷次鬥爭中犧牲的人民英雄們永垂不朽！"後來毛澤東主席又為紀念碑親筆題了八個大字：人民英雄永垂不朽。主席當時一共寫了三遍，並向工作人員交代：請專家們多提意見，問哪一幅可以用，如果他們認為寫得不好，也可以從這三幅字中選一些可取的字重新編排，也可以重寫。

毛主席撰寫的碑文總共 154 字，由周恩來總理親筆題寫。據回憶，為

▲ 矗立在天安門廣場的人民英雄紀念碑

了寫好這段文字，一段時間內，總理每天早晨起床第一件事就是寫一遍碑文，先後寫了 40 多遍，直到滿意為止。我想，這些細節都展示了我們的開國元勳、我們的兩位領袖人物對革命先烈的無限追念和敬重。人民英雄紀念碑是 1952 年正式開工的，1958 年 4 月正式落成，這也是新中國第一座大型紀念性的建築工程。

　　國徽的設計起初也和國旗一樣，採取徵集社會稿件的方式，共收到了 112 件。但籌備組對應徵稿件不夠滿意，由於設計國徽比設計國旗對專業性的要求更高，於是決定不再進行社會徵集，而是"另請專家擬制"。這一決定確保了質量，但也就意味著無法在開國大典前完成設計。雖然這是一種遺憾，但是大家都覺得質量更重要。籌備組邀請了兩個團隊，一個是梁思成、林徽因牽頭的清華大學團隊，一個是張汀牽頭的中央美院團隊，分別進行設計。兩組設計方案最大的差別是有沒有"天安門"這一主題圖案。當時有人認為天安門代表了封建皇權,但更多的人認為天安門是五四運動的爆發地,是舉行開國大典的地方,也包含了中華文明的某種傳承,絕大多數人認可保留天安門的構思。所以最後的方案是以清華大學團隊設計的方案為主,融入了天安門主題圖案。

1950 年 6 月,中央人民政府召開了一次會議,通過了中華人民共和國國徽圖案,並在新中國的第一個國慶節即 1950 年國慶節前的 8 月中旬,將第一枚金光閃閃的國徽懸掛在天安門城樓上,此時距離第一個國慶節只有 40 多天了。

大約在同一時期,無錫出生的音樂家王莘出差路過天安門廣場,此時天安門城樓已經裝飾一新,藍天下五星紅旗迎風飄揚,北京城到處是新中國人民建設新生活的勃勃生機,這一下子觸動了王莘的創作靈感。他文思泉湧,在從北京去天津的列車上就開始創作,然而當時竟找不到書寫的紙張,最後只找到了一個空的煙盒,就立刻拆開來在上面奮筆疾書:"五星紅旗迎風飄揚,勝利歌聲多麼響亮,歌唱我們親愛的祖國,從今走向繁榮富強……"他寫得十分順暢,到家後又熬了個通宵,這樣這首被稱為中國第二國歌的傳世傑作就誕生了。

王莘自幼受到民間音樂的熏陶,酷愛音樂,但家裏窮得連中學都供不起。他 14 歲來到上海,在先施百貨公司當一名見習店員。受到上海民眾掀起的抗日救亡愛國運動的影響,他懷著強烈的愛國意識,結識了左翼進步音樂家冼星海、呂驥、孫慎等人,參加抗日救亡歌詠運動,積極宣傳抗日。抗戰爆發後,他毅然奔赴延安,成為魯藝的學員,並成為冼星海的學生。冼星海很器重這位有才華的學生,把自己創作《黃河大合唱》時使用過的一支鉛筆贈送給了他,希望他也能創作出一流的音樂作品。果然,王莘沒有辜負冼星海的期望，創作了這首真情流露、深受人民喜愛的歌曲《歌唱祖國》。當時沒有媒體炒作，沒有商業包裝，但從心中流淌出來的歌就是能打動人，這首歌就像長了翅膀一樣，迅速傳遍大江南北、長城內外。後來在一次全國政協會議上，有人把王莘介紹給毛主席。毛主席握著他的手，稱讚《歌唱祖國》好，並贈送了一本自己親筆署名的《毛澤東選集》。

我們今天一起懷念這些 70 年前的往事時，發現 1949 年 10 月 1 日的開國大典不僅標誌著新中國的誕生，而且還預示著人類歷史將因此而改變。今天的中國已經是世界最大的經濟體（根據購買力平價），具有世界最完整的產業鏈，消除了世界最多的貧困，創造了世界最大的中產階層，具有世界最大的外匯儲備，向世界輸出最多的遊客，同時還處於第四次工業革命的第一方陣。我們對這一切都感到由衷的自豪，這一切已經並將繼續改變整個世界。

我們還發現中華人民共和國的偉大符號，如國旗、國歌、國徽等，已經融入到人民的血脈之中。2019 年香港的局勢為什麼激怒了全體中國人民？一個重要原因就是他們公然侮辱這些偉大符號：向國徽上噴墨，把五星紅旗扔入海裏……但奇蹟出現了，幾乎一夜之間，"港獨"分子在全世界所有華人和中國留學生生活學習的地方都成了"過街老鼠人人喊打"。我從網上看到這樣一個帖子：由於"港獨蟑螂"全球亂竄，全球中國人行動起來，發起了一場聲勢浩大的"為國滅蟑螂"運動。更有意思的是，今天中國的年輕人更加陽光，更加自信，以自己獨特的風格全面碾壓"港獨"分子。一個帖子這樣寫道："遊行隊伍出來，各國警察也都壓力山大，嚴陣以待。然而讓他們大跌眼鏡的是，本來應該是苦大仇深的街頭政治，卻硬生生地被一群中國"90 後"年輕人辦成了一場愛國主義全球大行動。"

為什麼會這樣？可能有兩個原因，一是國家的教育，二是國家的強大。這兩個原因讓這些中國孩子陽光自信、多才多藝、三觀超正、素質全面。一位年長者說：「不出香港這個事，我可能和很多人一樣，覺得我們年輕一代沒那麼熱愛自己的祖國，留學、移民、二次元、動漫、韓劇、追偶像，結果在民族大義面前，他們展現了我們教育的成果。這一代自信自強的中國青年，無疑是對中華人民共和國 70 週年華誕的最好敬意！」

有人問過我：在中國創立的過程中，有哪些特殊之處？給其他國家能帶去什麼借鑒？我的回答是，毛主席宣佈新中國成立，第一句話就是中國人民從此站起來了。他強調的是民族，強調民族自信，這個非常重要。你仔細看很多國家，特別是第三世界國家，它的民族自信心被西方殖民主義給徹底摧毀了。比如非洲很多國家，即便你是中國人，在街頭農貿市場這些地方，他見到你也稱你為「主人」。他們習慣了這種講法，這是殖民地留下的產物，甚至連他們的宗教語言都是歐洲的了。強調自己的民族性，讓自己有能力站立在世界民族之林，我覺得新中國這一點特別重要。

第二就是獨立性。1949 年時蘇聯是我們最大的盟友，但其實那個時候我們還是強調自己的獨立性。第一屆政協通過的共同綱領，相當於是建國的最核心文件，確定了我們要建立什麼樣的國家。比如，當時比較有爭議的是，要不要採用聯邦制？蘇聯是我們的老大哥，蘇聯的整個名稱是蘇維埃社會主義共和國聯盟，是聯邦制。嚴格講，聯邦制中各個共和國的自主性非常大，甚至可以選擇脫離聯邦。我們在成立新中國的時候對此考慮得非常周全、非常明確，不採用聯邦制，而是採用民族區域自治制度。自治區只是有相對大的自治權利，但不是聯邦制度。現在回頭看，這對於我們國家統一、領土完整和中國崛起的意義怎麼評價都不過分。

　　對國外也是一樣，一個國家一定要有自己的獨立性，這在做出核心決策的時候非常重要。現在很多國家都開始注意到這一點。學術界有一個詞叫"policy space"，即在制定政策的時候，要有政策空間。中國就有自己的政策空間，所以成功了。中國這個榜樣開始鼓勵很多人。

## 👁 外國人看中國

### 中國將深刻影響世界

英國學者　馬丁·雅克

　　從 1800 年左右開始，在兩個多世紀的時間裏，世界被歐洲所統治。中國或多或少是隱形的，被分裂、被侵略，經濟疲軟。它並不屬於大多數人認知中的全球地圖的一部分，而是被忽視了。中國其實不需要被人們注意到，因為它發出的聲音太微弱。西方設定了現代世界的參數，最早由歐洲引領，然後是美國。現代性是西方的同義詞。但隨後發生了變化。

　　偉大的轉折點是 1949 年的中國革命復興。中國穩步地重新團結起來，取得了顯著的成功。特別是 1978 年之後，中國經濟開始以驚人的速度增長，每年增長超過 10%，並持續了 35 年。終於，世界其他地區開始認識到這一新的現象。中國的發展是世界上最引人注目的經濟變化。如今，西方及其他各地對這種情況的反應各不相同。從美國和特朗普總統那裏，我們看到一種反應，那就是無論如何都要削弱中國，阻止它的崛起，最好還能顛覆這一進程。但其他的反應則更為複雜，有時是積極的，有時是消極的。為什麼會消

極？我認為是出於對未知的恐懼。人們對這個佔世界人口五分之一
的國家所知甚少，這是一個原因。

但另一方面，尤其是對發展中國家而言，中國非凡的經濟轉型
和中國主動伸出的援助和友誼之手，贏得了這些國家的支持。非洲
和其他區域的民意調查和傳唱的歌曲表明，中國贏得了發展中國家
中很多人的支持和贊同。此時此刻，我們展望未來，試圖以一種現
代世界中從未有過的方式去想象，因為未來曾一度只屬於西方。但
未來不是這樣。

接下來，我要提出六個觀點，解釋我認為中國將如何深刻影響世界。

第一點，1945 年以來最重要的變化是包括中國在內的發展中國
家的崛起。然而在 1945 年，大多數國家還是處於被殖民狀態。即使
到了 20 世紀 70 年代中期，它們也只佔全球 GDP 的三分之一，儘
管它們可能代表世界 85% 以上的人口。但現在情況完全不同了。因
為發展中國家現在大約佔全球 GDP 的 60%。從歷史維度來看，這
麼短的時間內竟發生了如此巨大的變革。

我們正在研究一種可能性，即我所說的由世界大多數人口組成
的全球秩序。我想提醒大家，西方現在只佔世界的不到 15%。在現
代社會，我們第一次看到了一種全球秩序的概念，它不再由世界上
極少數人發明和創造。我認為，這將是過去 200 年中出現的最重要
的民主化行動。

第二點，戰爭。中國不是沒有發生過戰爭。但值得注意的是，
在公元前 221 年華夏統一之後，很少有戰爭發生。例如，在整個亞
洲地區內，中國與包括日本、朝鮮、越南等國家發生戰爭的情況實
際上非常罕見。這段歷史與歐洲歷史完全不同，歐洲一直處於戰爭

旋渦中。直到 20 世紀中葉，歐洲才真正休戰。自中國經濟崛起以來，特別是自 1978 年以來，中國崛起的其中一個引人注目之處就在於鮮有戰爭發生。與美國、日本、英國、法國、德國的歷史相比較，這些國家的崛起都是以擴張和侵略戰爭為特徵的。事實上，我唯一能想到的中國捲入的戰爭本質上是邊境之戰，這是完全不同性質的戰爭。我認為與西方時代的普遍情況相比，中國的崛起將給世界帶來一種新的意識，即和平的重要性和可能性。

第三點，治國之道和治理之法。通常在西方，當我們談論政府時，人們只討論政府的選舉方式，而不考慮政府的效能。它能做什麼？它能促進人口增長、經濟增長嗎？它能提高人們的生活水平嗎？它能在社會上維持一定程度的和諧嗎？在我看來，在治理能力方面，中國與西方國家的標準截然不同。我給大家舉個例子，說實話，中國是世界基礎設施建設的領導者。西方或多或少已經放棄了這一點，它現在幾乎不進行任何基礎設施建設。如果你近期去過美國，就會看到那裏的基礎設施狀況。我來自英國，那裏也是同樣的情形。基礎設施的重要之處在於它是面向未來的，要思考社會將走向何方。其次，它不僅僅是關照個人發展，而是關乎整個社會。是把社會看作一個整體，而不是簡單地只關注各個利益集團。

第四點，關於血統和民族。中國人認為自己是 90% 以上的漢人血統。當然，從歷史上看，中華民族是許多不同民族聚居的產物。考慮到國家的幅員遼闊，無論從地理上還是從人口統計學上而言，它都蘊含著不可思議的民族多樣性。而中國，由於其歷史悠久，經歷了一個長期的融合過程，不同血統的人融合在一起，直至今日，大多數人都認同自己是漢族。我想不出世界上（無論是大國還是小國）還有其他類似的例子，中國的情況實屬特殊。中國人認為自己是漢人的原因可能根本不是出於種族範疇，而是出於文化範疇。我認為這一點非常重要。

中國封建王朝最後三個朝代中有兩個不是漢族統治，一個是蒙古人，最後一個是滿洲人。所以我認為這與西方的歷史和民族國家的歷史有著極大的不同。它們的創造主要圍繞某一佔統治地位的種族的排他性展開。中國則樹立了一個新的榜樣。我認為人們都可以從中學習。我不是說中國在這方面是完美的，但它為世界其他國家樹立了一個非常有意義的歷史榜樣。

第五點，中國的歷史。中國的崛起在重新定義人們對歷史的看法。西方世界認為歷史始於西方的崛起，換句話說，大約出現於 18 世紀末 19 世紀初。對中國而言，歷史並非始於這段時期。

回溯過去，中國人會向你講述五千年的文明，或者只是從公元前 221 年秦朝的歷史講起，講述延續兩千年的文明。所以中國人會以完全不同的方式看待所有此類問題（例如南海問題），這與西方看待歷史的方式不同。中國發展的特點之一當然也包括朝代的興衰。但我認為，最重要的是中國歷史的連續性，非凡的連續性。

今日，人們仍然認為孔子、孟子等偉大的聖人及其思想，與中國正在發生的變革、前路何往、如何實踐、如何治理國家等問題的思辨息息相關，這代表了一種新的智慧。這是對過去所學的重塑，不僅僅局限於近代的，而是追溯到很久以前的那些智慧。

第六點，全球化。中國是全球化的堅定信仰者。中國也從全球化中受益。中國對待全球化的態度本質上是包容的。在中國，全球化的最大受益者是誰？我認為是超過總人口半數的脫貧人口。這與全球化在美國的運作方式截然不同，大概有多達 30% 或 40% 的美國人口，基本上被排除在全球化的益處之外。從本質上講，這解釋了為什麼美國興起了保護主義浪潮。

中國擁有世界五分之一的人口，這不僅關乎一個國家，甚至不只局限於一個大洲，管理中國就是要管理很大一部分人類，管理很大一部分的全球體系。因此，中國擁有一種理解力和直覺，一種對全球化本質的洞見。某種程度上，這種洞見與西方盛行的體量小得多的民族國家是截然不同的。

## 惠及世界的中國脫貧事業

在隆重慶祝新中國成立 70 週年之際，回顧過往，很容易看到，70 年來我們創造了許多震撼世界的奇蹟，其中最引人注目的就是消除貧困。這一偉大成就永遠改變了中國人的命運，永遠改變了人類的歷史。

在中華人民共和國成立後的前 30 年裏，我們完成了基本政治制度的建設，包括對於扶貧、對於現代國家建設無比重要的基層組織建設。我們從一窮二白的起點出發，建成了獨立的、初步的、比較完整的工業體系、國防體系和科技體系。我們進行了土地改革、婦女解放，推動了教育和基本醫療等社會事業的發展。我們的人均壽命從 35 歲增加到 65 歲，文盲率從新中國成立初期的 80% 降到了 30%。我們通過抗美援朝的勝利，通過發展 "兩彈一星" 等，為國家和平發展創造了條件，這就是當年毛主席說的 "打得一拳開，免得百拳來"。在這個意義上，我們實現了 "三十而立"，為後 40 年的國家全面崛起，包括大規模消除貧困奠定了基礎。

儘管前 30 年我們取得巨大成功，但也走過不少彎路，比如民生欠賬比較多，人民生活水平按照當時的國際標準還相當低。如果用官方匯率計算，我們當時人均 GDP 還低於非洲國家的平均水平，81% 的中國人口生活在農村，農村大部分地區還沒有用上電，中國外貿規模還非常小，而出口產品中 75%—80% 都是附加值非常低的農產品。即使在上海這樣相對比較發達的地區，人均居住面積也不到 5 平方米，多數家庭生煤球爐做飯，吃穿用的生活必需品都是憑票供應，有糧票、油票、肉票、布票、自行車票等。當時中國年輕人結婚的三大件是手錶、自行車、縫紉機。擁有縫紉機是為了補衣服，所以當時有個說法是 "新三年，舊三年，縫縫補補又三年"。

自 1978 年以來的 40 年，我們總結了過去的經驗教訓，在前 30 年成就的基礎上，奮發有為，推動改革開放，推動創新，實現了國家的全面崛起，實現了 "四十而不惑"。這意味著，我們找到了自己的成功之路，就是中國特色社會主義道路。我們在消除貧困方面也找到了成功之路，確實取得了人類歷史上聞所未聞的巨大的扶貧成就。按照我們自己的標準，40 年間，7.4 億人口脫貧；按照世界銀行的標準，8.5 億人口脫貧，即世界上近 80% 的貧困是在中國消除的。如果沒有中國扶貧事業的巨大貢獻，世界實際上的貧困狀況恐怕是有增無減的。2020 年，佔世界人口五分之一的中國徹底告別極端貧困，實現全面小康。這個偉大的奇蹟將永遠載入人類文明發展的史冊。

中國扶貧的經驗是根據中國國情而來，其他國家無法照搬，但成功的經驗往往有共通的道理，所以中國的不少經驗對很多國家、對今天的全球治理是很有啟發意義的。

下面我和大家一起來探討一下中國扶貧的主要經驗。

**第一是民本理念。**我曾經專門談過中國崛起的核心理念，其中就包括民本主義，也就是 "民為邦本，本固邦寧" 的歷史傳承，也是今天中國共

▲ 扶貧路修進 "懸崖寨"

產黨強調的 "以人民為中心" 的治國理念。過去數十年，中國政府提出的
一系列目標，包括解決溫飽問題、實現小康、實現全面小康等，都反映了
這種源遠流長的民本主義思想。中國扶貧的巨大成就，實際上就是在這種
指導思想下取得的。中國的經驗表明，一個發展中國家一定要把改善民生
作為重中之重的任務，一定要把消除貧困作為一項核心人權來對待，因為
貧困本身就是對人的基本尊嚴和基本權利的褻瀆。

　　西方國家在非西方世界推動的發展模式，其做法是把自己界定的所謂
民主化作為發展成功的關鍵所在。這種做法現在被中國經驗證明是靠不住
的，甚至是愚蠢的。多少發展中國家為了得到西方的認可，為了得到西方
的一些援助，去追求這種 "為民主化而民主化" 的東西，我稱之為 "民主
原教旨主義"，結果導致無休止的 "黨爭" 和各種各樣的宗教、族裔、民

族、地區矛盾和衝突大爆發，甚至陷入無政府和戰爭狀況，消除貧困變得遙遙無期。

中國 "以民為本" 這個理念糾正了西方人權理論長期存在的一個嚴重的偏差或者缺陷：他們只重視公民政治權利，而不重視民生權利。追溯這種偏差產生的歷史原因，我想大概是在 18 世紀歐洲啟蒙運動時期，那些提出所謂自由、平等、產權等理念的所謂思想家，實際上代表了當時新興的有產階級。在那個年代，種族主義、殖民主義和奴隸貿易都是合法的，最淒慘的貧困都發生在殖民地，而不是在歐洲。西方多數國家對於非西方世界的貧困狀況，哪怕直到今天都是麻木不仁的。

我以前說過，市場原教旨主義行不通。如果真的按照市場原教旨主義做的話，各個國家都應該發展自己具有比較優勢的產業。那麼西方應該放棄農業和畜牧業，但它們現在大量補貼農業和畜牧業。而實際上在發展農業和畜牧業有優勢的地方，比如非洲，很早就有人抱怨現在歐洲牛拿的補貼比非洲人的收入還要高，這讓我們怎麼競爭？這就是真實世界，而不是新自由主義經濟學教科書所描述的世界。我們已經進入了 21 世紀，但還有如此多的人生活在赤貧之中，怎麼說得過去？所以我想中國消除貧困的成功經驗，必將影響整個世界，特別是整個非西方世界。

今天這個世界已經進入了互聯網和大數據時代。在西方模式下，互聯網一出現就被高度政治化，成為西方推動所謂政權更迭的手段，結果水土不服，給許多國家造成混亂乃至戰亂。互聯網政治化今天實際上也給西方自己帶來了民粹主義問題，以及其他很多問題。政客們處心積慮把網絡打造成黨派鬥爭的工具，而不是造福人民的平台。美國的特朗普上台也好，英國的脫歐鬧劇也好，很大程度上都反映了這種情況。

相比之下，中國的互聯網革命和大數據革命始終是在 "以民為本" 的理念下推進的。20 世紀 80 年代初期，中國農村流傳的口號是"要想富，先修路"。今天在互聯網時代，大家說的是"要想富，先聯網"。中國電子商務和數字經濟已經成為中國消除貧困的極為有效的手段，多少貧困地區的百姓通過互聯網把自己家鄉的土特產品推薦和銷售出去，一勞永逸地擺脫了貧困。這是我講的中國扶貧經驗的第一點——民本理念。

第二點是有為政府。在整個扶貧進程中，中國黨政體制發揮了關鍵作用，這種作用首先體現在制定和執行各種發展的規劃和扶貧的規劃。自 1953 年以來，中國政府每隔五年就制定一個五年規劃，為接下來的五年發展提供藍圖，並且能夠實施。到 2020 年為止，中國已規劃並實施了十三個五年規劃，這期間還實現了由指令性計劃向指導性計劃的偉大轉型，使中國成為世界上為數不多的、從人民整體利益和長遠利益出發進行中長期戰略規劃的國家。這些規劃包括了扶貧方面的考慮，如扶貧的戰略和專項扶貧的計劃等。

中國模式下的這種能力，與西方模式下多數國家沒有規劃能力、更沒有執行能力的表現，形成鮮明對照。黨的十八大明確提出，到 2020 年中國要實現現行標準下農村貧困人口全部脫貧，貧困縣全部"摘帽"。我們的扶貧標準是"兩不愁，三保證"，就是不愁吃、不愁穿，義務教育、基本醫療、住房安全有保障。我們還是社會主義國家，農民有地有房子。我經常講，如果將地和房子都算進去的話，我們的標準是"兩不愁，三保證，加土地和房產"。以我實地走訪過 70 來個發展中國家的考察見聞，我可以很肯定地說，這個標準在大多數發展中國家，在絕大多數非洲國家，都是中產階級的標準。當然中國人可以對自己高標準嚴要求，我們也是這麼做的，所以我們的進步是世界上最真實的，也是最震撼世界的。

中國作為一個人口大致相當於 100 個普通歐洲國家人口之和的超大

型國家，其治理體系分成六個層級，即中央一級、省一級、市一級、縣一級、鄉一級、村一級。在中國模式下，每一級都要承擔扶貧責任，這是世界級的超大規模的系統工程。各級幹部特別是廣大基層幹部，長期在高負荷、高壓力下開展扶貧工作，真心不容易，是特別值得尊敬的。各級地方政府都參加各種扶貧幫扶工程，比如幹部駐村、幫助貧困村培養人才等。還有各種小信貸工程往往都是政府做信用擔保，地方財政出資進行保證，其他角色一同參與。這就是我講的第二點 —— 有為政府。

**第三點是發展引領。**20 世紀 80 年代中期以前，中國扶貧主要採用的是傳統的救濟方法，也是國際上比較通行的主流模式。後來中國發覺，光是靠救濟解決不了問題，只能治標不能治本。如果你去過美國的話，就會發現很多 200 斤以上的人，他們一般都是少數族裔，大概率是窮人，因為一看就知道是吃垃圾食品長大的。美國扶貧的主要方法是發食品券，食品券換來的大都是高脂肪、高熱量、高糖的垃圾食品。聯合國對美國扶貧狀況有一個報告，其中提到，美國有 4000 萬人生活貧困，其中 1850 萬人極度貧困。如果按照中國人口規模是美國 4 倍來推算的話，這個比例放到中國大概就等於 1.6 億人生活貧困，其中 7400 萬人極度貧困。可能有感於此，2019 年，美國總統競選候選人桑德斯曾公開對媒體說，他非常讚揚中國扶貧的巨大成就，他說如果我沒有弄錯的話，中國消除極端貧困的成就超過了文明史上的任何國家。其實美國今天可以向中國學習很多東西，扶貧經驗就是一個很好的例子。

中國從 20 世紀 80 年代中期開始推動開發式扶貧，即動員、鼓勵、引導貧困地區人民，通過經濟發展達到脫貧目的。經過多年探索，中國積累了不少經驗，比如開發貧困地區資源、注重資源的可持續利用、扶貧開發與生態建設並重、大力發展鄉村旅遊業等。現在中國的開發扶貧已經超出

了經濟發展本身的範圍，融入了越來越多的社會發展的內容和基本公共服
務均等化的內容。

在一個更廣泛的意義上，中國始終抓住"發展"這個牛鼻子不放鬆，
發展的目的是順應民意，讓人民擺脫貧困，過上更為富裕和美好的生活。
中國從計劃經濟體制轉向社會主義市場經濟體制，從傳統農業社會轉向工
業和現代化社會，在這個過程中始終堅持整個國家的發展導向，在發展中
解決貧困問題。以中國經濟騰飛帶來的政府財政收入為例，2017 年中國
財政收入突破 17 萬億元，這使中國扶貧事業有了很大的底氣。黨的十八
屆五中全會明確提出了"創新、協調、綠色、開放、共享"五大新發展理
念，也大大提高了中國開發式扶貧的水準。

對於外部世界來說，我覺得尤其是對許多發展中國家而言，中國發
展引領模式的成功是很大的鼓舞。中國在"一帶一路"沿線國家的許多開
發項目也產生了很好的扶貧效果。中國項目的執行力遠遠高於西方同類項
目。一位非洲國家的駐華使節曾對我說："我們和歐洲人一個項目還沒有
談完，中國人就已經幫助我們完成了三個項目。"非洲現在還有一個調侃
西方模式效率低下的說法，英文叫 NATO，學過英文的人可能知道，北
大西洋公約組織的英文縮寫是 NATO，但這裏的意思是"沒有行動（No
Action），只說不練（Talk Only）"。

第四點是多管齊下。在扶貧領域內，中國創造的多管齊下、綜合治理
的"大扶貧"模式很有意義，主要特點就是政府、市場、社會都參與扶貧
事業。西方新自由主義模式認為市場經濟本身會產生所謂的"涓滴效應"
（Trickle-down Effect），即通過自由化、市場化的發展，帶來財富的增加，
這個成果會自然而然地滲透到社會基層、底層，使貧困人口都能受益。但
過去數十年無論是中國經驗還是外國經驗都表明這是不大可能的，純粹靠

市場機制無法產生這樣的效應。恰恰相反，如果沒有政府去宏觀協調，它會導致貧富差距的迅速擴大，中產階級的縮小。今天包括美國在內的西方國家都面臨這個挑戰。

中國多管齊下的 "大扶貧" 模式，不僅大幅度消除貧困，而且迅速擴大了中產階層規模。中國在 1992 年明確提出建立社會主義市場經濟，這個模式本身就是一種多管齊下的模式，既發揮市場的作用，也發揮政府的作用，發揮兩者之間合力的作用；既發揮國有企業的定力，也發揮民營企業的活力，更發揮兩者互相補充的力量，進而產生了扶貧和發展的乘數效應。比如，國有企業建設中國一流的基礎設施，包括世界最大的高速公路網，世界最大最好的高鐵網、4G 基站網。到 2019 年年初，僅中國移動的 4G 基站就有 240 萬個，三大運營商的加起來近 400 萬個。而美國的主要電信運營商，一個叫 AT&T，一個叫 Verizon 公司，美國各大運營商的加起來也就 10 萬個左右，中國的 4G 基站幾乎是美國的 40 倍。所以在移動互聯網應用移動支付方面和網絡購物方面，中國是美國的 70 多倍。當然，5G 的前景就更加好了。所以這一切為中國農村電商扶貧，為農村電商大發展創造了非常好的條件。

中國民營企業也為中國扶貧事業做出了突出的貢獻。中國民營企業現今提供整個國家大約 50% 的稅收、60% 的 GDP、70% 的出口、80% 的就業。中國還創造了政府搭橋、"民營企業 + 農戶" 的扶貧模式。許多民營企業源於鄉村，發展於農村，與農戶有著天然的聯繫，也願意積極投身中國的扶貧事業。

在一個更大的範圍內，過去 40 年，中國中央政府發揮了對整個超大型國家提供宏觀指導和保持穩定這樣一種平衡的作用。而各級地方政府通過稅收，通過土地，通過其他有關政策，如吸引外資、促進地方經濟發展等，推動了地方的就業和社會發展，也推動了整個國家扶貧事業的發展和國家的崛起。

在多管齊下的"大扶貧"模式下，中國社會主義制度特有的"一方有難，八方支援""集中力量辦大事""全國一盤棋"等理念得到充分展現。比如，以上海參與的東西部扶貧協作為例，在中央政府、地方政府共同推動下，上海與新疆，特別是新疆喀什地區，組成"結對子"的合作模式。短短八年的時間裏，上海已經派出數千名幹部、教師、醫生、志願者到喀什及其下轄的莎車、澤普、葉城、巴楚四個縣開展援疆工作。上海按照財政預算收入 6 的標準來支持喀什，大大改善了當地的水、電、氣、路、污水處理等基礎設施。同時喀什各種優質的農產品也被推介到上海，深受上海市民的歡迎。上海遊客也大批湧向新疆，切身感受到了大美新疆，也感受到西方為恐怖主義張目、攻擊新疆人權問題的荒謬與無恥。

我記得我在談"阿拉伯之春"為什麼變成"阿拉伯之冬"的時候，專門引用埃及現任總統塞西的話，他說敘利亞、伊拉克、利比亞和也門等國發生的事件，給這些國家的生命財產造成巨大損失，基礎設施損失達 9000 億美元，死亡人數超過 140 萬，淪為難民的有 1500 多萬人。西方已經搞亂了伊拉克，搞亂了敘利亞，搞亂了利比亞這些國家，甚至把一些國家變成人間地獄，可以說這是 21 世紀西方國家對人權最大的踐踏。現在還想搞亂我們的新疆、香港，這是絕對不能允許的。這也使我想起當年毛澤東主席調侃敵對勢力的詩句："小小寰球，有幾個蒼蠅碰壁，嗡嗡叫，幾聲淒厲，幾聲抽泣。螞蟻緣槐誇大國，蚍蜉撼樹談何易。"

回望新中國 70 年扶貧事業的輝煌成就，我們感到無比自豪。2020 年，中華人民共和國將徹底告別絕對貧困，這是改變中國命運和人類歷史的大事。

　　中國扶貧事業的成功，實際上就是我們最大的仁政。也就是我經常講的，中國模式的特點——良政善治。這是良政善治巨大的成功。

　　從縱向的發展歷史來看，正如習近平主席講過一句很有名的話，他說中華民族千百年來存在的絕對貧困問題，將在我們這一代人的手裏歷史性地得到解決。從橫向比較來看，我們解決了所有發展中國家面臨的最棘手的問題，就是貧困問題，也解決了西方扶貧救濟模式治標不治本的難題。我們向所有為中國扶貧事業做出貢獻的人致以最崇高的敬意！

## 和而不同的中國之 "道"

　　我多次談過，中國的文化是 "三人行，必有我師"，而西方的文化好像更多是 "三人行，我必為師"。我記得每次我講這個觀點，總是有不少聽眾發出笑聲。我想這笑聲中可能包含了一種困惑，就是為什麼這麼簡單的中國智慧他們要排斥呢？某種意義上講，特別是從人類大歷史角度來看，我想中國的崛起、中國崛起背後的許多理念，對長期被西方話語洗腦的人會是一種啟蒙。所以我是特別主張要更多地與整個世界分享中國理念和中國智慧。我曾經跟觀眾和讀者分享過六個可能對世界產生影響的中國理念：實事求是、民本主義、整體思維、民心向背、良政善治、選賢任能。現在，我又有三個在當下不可或缺的中國理念要跟大家分享。

　　**第一個理念是兼收並蓄。**從歷史傳承來看，中華民族是一個酷愛學習、兼收並蓄、博採眾長的民族。我們有前面說的 "三人行，必有我師"的傳統，有 "寸有所長，尺有所短" "他山之石，可以攻玉"這種歷史文化傳承，有"虛心使人進步，驕傲使人落後"這樣的紅色文化傳承。

今天我們都在談"一帶一路"，實際上古代中國通過絲綢之路吸收了大量西域傳來的文明。比方說我們今天的民族樂器琵琶來自中亞；中國古代的衣服從寬袍廣袖變成波斯風格的短衣窄袖；絲綢之路還從中亞和西亞為我們帶來了汗血馬、玻璃、瑪瑙等很多珍貴的商品。我想中國今天提出"一帶一路"倡議，某種意義上也是對古代絲綢之路的一種崇高敬意。當然中國的很多產品、發明和文化也隨著絲綢之路傳到了外部世界，造福了整個人類。

在中國過去數十年的迅速崛起過程中，我們兼收並蓄，獲益良多。可以說我們幾乎在所有的領域內都學習和借鑒了別人的成功經驗，從經濟特區到市場經濟，從企業管理到政府運作，從科技研發到文化產業，從發展互聯網經濟到發展各種各樣的高新產業等。但總體上看，在學習和借鑒外國經驗的過程中，我們沒有失去自我，而是用自己的眼光來判斷和取捨。比方說我們加入世貿組織，把它變成一個大規模的學習、適應和創新的過程，使整個中國的經濟和貿易規模很快上了一個全新的台階。再比如中國非常熱情地擁抱了互聯網革命，同時保持了自己的獨立性，所以中國今天已經成為這場革命的佼佼者。

我就想，這不就是當年魯迅先生提倡的"拿來主義"嗎？魯迅的"拿來主義"的核心就是說我們要運用自己的腦髓，放出眼光，自己來拿！或使用，或存放，或毀滅，還要沉著、勇猛、有辨別、不自私。但是我們也要承認，在我們國門剛剛打開的時候，外部的世界如此之精彩，一下子讓很多人眼花繚亂。有好學傳統的許多中國人立刻看到了別人的長處自己的短處，這也使相當一部分人失去了自信心，甚至認為"拿來主義"太煩瑣了，不如全盤照搬。好在回顧過去數十年，總體上我們還是以我為主，自己來拿，不是讓別人牽著鼻子走。外國的東西我們要通過中國的實踐來檢驗，有些可以全部接收，有些可以借鑒一部分，有些可以完全拒絕，有些需要結合中國的實際情況和條件進行創造性的轉化。更重要的是，在吸收的基礎上，我們還要爭取超越。

有人曾經和我說，你們講"拿來主義"也好，講兼收並蓄也好，好像就是當年張之洞提的"中學為體，西學為用"。我說不一樣的，"中學為體，西學為用"建立在一種傳統的基礎上，認為中國為天下中心，認為儒家傳統已經窮盡了人類的真理。在這樣一種理念下，當時中國的朝廷主流認為沒有變革的必要。後來我們的改革開放則完全不一樣，鄧小平說得非常清楚，不改革開放，死路一條。但鄧小平當時也明確提出，在改革開放的過程中，我們要學習和借鑒人類文明一切有益的東西，同時一定要結合中國的國情。所以這種"拿來主義"、這種兼收並蓄，後來帶來了中國全方位的崛起。

兼收並蓄這個理念也具有國際意義。因為這個世界上有太多的"送來主義"，效果幾乎都不好。很多發展中國家的經歷很能說明問題。冷戰的時候，一種是蘇聯的"送來主義"，一種是西方的"送來主義"，它們幾乎都接受了。當然，它們也比較難，因為如果不按照蘇聯或者西方的要求去做，它們就得不到蘇聯或者西方給予的經濟援助。問題是一旦你自己失去了這種決定取捨的權力，讓別人牽著鼻子走，往往就導致災難。後來蘇聯解體後，俄羅斯改革也犯了這個錯誤。由哈佛大學教授設計的所謂"休克療法"，想一夜之間建立市場經濟制度，照搬西方民主模式，結果都是災難性的。西方喜歡搞"送來主義"，但又不了解其他國家的國情，所以提出的各種方案往往是從自己的價值觀出發，從自己的經驗出發，更何況很多方案背後還有不可告人的目的，因此失敗概率幾乎是百分之百的。

　　與中國人兼收並蓄的理念形成鮮明對照的是今天的西方，顯然它故步自封了，它自以為自己的一切代表歷史的終點。結果西方國家一個接一個陷入了第二次世界大戰以來最嚴重的金融危機、財政危機、經濟危機和政治危機。歐洲國家率先支持"阿拉伯之春"，結果"阿拉伯之春"變成"阿拉伯之冬"。之後帶給歐洲的百萬難民潮，到今天還沒有結束。從人類大歷史角度來看的話，這可能是歐洲全面走衰的一個轉折點。很多歐洲人私下都很後悔，但政治的特點是沒有後悔藥的。

　　2019 年七國集團在法國開峰會，當著眾多記者的面，法國總統馬克龍終於承認，世界正在經歷西方領導權的終結。他說這部分的原因是由於西方在過去幾個世紀犯下的失誤。我再替他補充一句，另外一部分原因可能就是西方缺少"從善如流""兼收並蓄"這些普普通通的中國智慧。這是我要講的第一點。

　　**第二個理念是和而不同。**中國人的哲學觀認為宇宙的一切都是互相依存、互相聯繫的。中國人相信"和而不同"，承認矛盾的存在，差異的存在，不同的存在，但這一切可以和諧共存，相得益彰。我們從許多中國古籍中可以看到，我們古人通過對大自然的觀察，發現大自然包羅萬象、爭奇鬥豔，但同時又是一個非常和諧的統一體。我們古人也發現，音樂的美妙就在於它有不同的音符，不同的音調，不同的音質，但這些不同可以和而為美，變成美麗的樂章。所以中國文化崇尚人與自然、人與人、文化與文化都建立一種和諧共生的關係。

　　而且中國古代哲學的出發點就是他者的存在是生成新事物的前提，或者說沒有他者就沒有自己。所以儒家學說一直是提倡致中和，提倡和為貴，主張社會的協調和統一。孔子說"君子和而不同，小人同而不和"。所以我經常講，我們今天與西方敵對勢力的鬥爭，很大程度上是君子與小人的鬥爭。我們古代《尚書》中還提出了"協和萬邦"的政治理念，在這個意義上，一個和平共處的世界，是中國人久遠的理想和追求。可以說和而不同是中國政治文化傳承的核心之一。

在和而不同的理念影響下，中國文化綿延數千年，總體上比較包容開放。我們提到的兼收並蓄，它的前提也是"和而不同"這個哲學觀。以儒釋道的融合為例，中國自己漫長的歷史長河中，儒家和道家的影響力一直比較大。我們的儒家尊聖人，我們的道家講真人，但坦率地說，儒家也好，道家也好，都需要讀很多書，需要相當的知識積累，所以在很長的時間裏，儒家和道家的學說難以進入尋常百姓家。而外來的佛教不一樣，佛教是直指人心，它關心芸芸眾生，關心他們的身心安頓，它的傳播手段也是多種多樣的，有雕塑、音樂、壁畫等。佛教的這種差異性，某種程度上彌補了中國傳統宗教的某些不足。因此，雖然佛教傳入中國的過程中也經歷過一些碰撞，但最終適應了中國的國情，成了"中國化"的佛教，即大乘佛教，然後再從中國走向東亞，走向世界，這無疑是中國文化和而不同、互相交融、相得益彰的一個典範。

我們也可以比較一下中西方文化，特別是政治文化在這方面的差別。和中國儒釋道互補的傳統不一樣，歐洲歷史上不同宗教、不同教派之間的戰爭持續了上千年，有的人說現在還沒有打完，在歷史上幾乎把西方文明毀於一旦。我想一個重要的原因，就是西方宗教幾乎都是一神教的傳統，認為自己的信仰代表世界唯一的真理，是唯一正確的東西。你不相信我的上帝，你就是異教徒，你就要受到迫害。在西方神學者的眼中，只有自己的信仰得到普世，人類才能得到拯救。所以西方世界產生了一種認識：只要你的做法跟我不一樣，你就不文明。這也延伸出種族主義、法西斯主義這種"非我族類，其心必異"等。其實從"文明衝突論"的提出，到今天西方國家內部種族主義興起、排外主義再次興起，背後都有一神教唯我獨尊的傳統。同樣，我想，這些年西方向全世界推銷的所謂普世價值，背後也是一神教唯我獨尊這種傳統的延續。

與西方不同，中國倡導和而不同的理念，並大大推動了中國的和平崛起，我們明確地拒絕西方的對抗性政治邏輯。我們強調社會不同的團體和利益，有共同之處，大家可以求同存異。而西方強調的對抗的模式，在第三世界成功率極低，在西方內部也導致了嚴重的社會分裂。英國、美國今天都面臨著社會分裂帶來的嚴重挑戰，然而中國人口比整個西方世界人口加在一起還要多，卻實現了和而不同。我們通過群眾路線、統一戰線、民主集中制等制度安排，可以形成最廣泛的社會共識，然後眾志成城，14億人勁兒往一處使，擼起袖子一起幹，所以創造了一個又一個震撼世界的奇蹟。

在對外關係中，我們奉行和平共處五項原則，現在它已成為國際上多數國家都能接受的基本原則。我們在推動"一帶一路"的過程中，又提出了"共商共建共享"。我們又提出了構建人類命運共同體。我想這一切的背後都有"和而不同"這種哲學觀所體現的理性和包容。這與西方那種唯我獨尊的狹隘與偏見形成了鮮明的對照。

這裏我還要簡單談一談香港和"一國兩制"的構想。我覺得"一國兩制"幾乎完美地體現了中國人和而不同的理念，即不一樣的制度可以在同一個國家裏和諧共存。但它的前提是一個國家，是兩種制度在特定的時間段內保持互相的尊重。現在看來，澳門"一國兩制"做得非常之好，而香港確實出現了一些問題。如果從和而不同的理念來看，就是香港的一些勢力在西方敵對勢力的支持下，拒絕我們講的君子和而不同，而擁抱小人的同而不和，而且妄想用那種危機重重、自顧不暇、日益走下坡路的西方模式，來 "同化" 甚至 "吃掉" 蒸蒸日上的中國社會主義模式。我想這是愚蠢到了極點，也超過了 "一國兩制" 的底線，超過了和而不同的底線。在這種情況下，我認為我們要通過必要的手段來糾正這種倒行逆施。這就好像演奏協奏曲的時候，一個樂手突然亂拉琴，破壞和而不同的樂章，那麼我們只能制止他。

　　**第三個理念，叫作政府是善，更確切説，政府是必要的善。**我之所以提這個觀點，是因為我有感於西方自由主義理論經常使用的一個觀點，叫作 "政府是必要的惡"。從西方歷史的角度看，我也能理解這一觀點，由於專制政府帶來很多問題，包括宗教迫害、極權主義、神權戰爭等，所以西方很多人特別是英美政治文化中，把政府看作是要做壞事情的，也就是說最好是不要政府，但現在現實中又做不到，所以要對它多多限制，防止它做壞事。西方主流經濟學談政府的作用就是 "守夜人"。新自由主義的口號就是政府管的越少越好。西方主流政治學也類似，一談政府就聯繫到威權主義，英國思想家霍布斯稱之為 "利維坦"，是一種讓人害怕的怪獸。人們為了避免自然狀態下必然產生的互相殘殺，不得已請出這個怪獸，建立有威權的國家。

　　回想中國歷史，我們的傳承是不一樣的。歷史上中國就是一個超大型的國家，它的人口和地域的規模百倍於歐洲小國，這也意味著國家治理的複雜性和艱巨性是非常大的。

　　我們古代黃河也好，長江也好，都是跨流域跨省份的治理。各種自然災害的救助，大國戍邊征戰的需求等，都需要比較強勢的，比較有為的，也是比較中性的政府來發揮作用，否則人民的生活就要遭殃，朝廷就要失去天命。所以這種政治傳統延續至今。

　　從歷史比較來看，中國歷史上輝煌的時候，大都和比較強勢有為的朝

廷聯繫在一起。所以中國人傳統中把政府看作"必要的善"。與此相適應
的還有就是中國源遠流長的、我稱之為"選賢任能"的傳統，即通過考試
來選拔官員，而不是像歐洲，它上千年持續的是一種世襲貴族的統治。

所以從傳統來看，中國政府的作用比較中性，也就是說它不是代表某
個特定利益階層的。在多數情況下，應該說中國這種文官制度領先歐洲上
千年，也是當時最先進的政治制度。歐洲是到了 19 世紀才從中國借鑒了
文官考試制度。

中國領導人鄧小平對於強勢政府的態度是揚長避短、趨利避害，發揮
中國黨政體制在推動現代化中的積極作用，同時也注重經濟規律，也尊重
經濟規律，弱化甚至終結不必要的政府干預。這個和蘇聯領導人戈爾巴喬
夫盲目崇拜西方模式，自廢武功，放棄黨的領導，形成鮮明的對照。

其實西方自己也出現了很大的變化。從英國經濟學家凱恩斯在 20 世
紀 30 年代強調政府干預以來，政府的作用除了極端的新自由主義信徒之
外，已經很少再有人否定了。從保證宏觀經濟環境的穩定，到提供各種各
樣的社會服務，到預防恐怖主義，到防止大規模殺傷性武器的擴散，都需
要政府發揮作用，畢竟現代國家的功能已經非常全面了。即使在西方國家
裏，像法國這樣的國家，也是以強政府著稱的，法國總統的權力明顯大於
立法機構和司法機構。德國是所謂"萊茵模式"的代表，它的政府作用也
比較大。美國現在是"特朗普模式"，在許多美國人的眼中，它已經成為
政府濫用職權的代名詞。比方說特朗普此前對於無法贏得中美貿易戰惱羞
成怒，甚至發推特"命令"美國企業離開中國，引來美國工商界、經濟界
人士普遍的吐槽。

當然，我們要承認，政府作用過大也會產生副作用。政治權力過大會
導致"尋租"和腐敗，導致形式主義、官僚主義等嚴重問題，這些都只有

通過不斷改革來解決。

　　我記得有位哲人講過這樣的話，他說政府有兩個功能：第一管好人民，第二管好自己。我們現在通過一系列的改革，建立了令腐敗分子望而生畏的反腐機制，建立了適應社會主義市場經濟的政府體制，建設了廉潔高效人民滿意的政府，應該說取得了相當不錯的成績，但是我們還可以做得更好，我們還要努力。

　　政府在經濟事務中應該有所為，有所不為，有所抓，有所放。但是我們仔細看一下中國模式，在中國特定的政治文化中，政府職能的弱化或者轉化，實際上也是需要靠政府，特別是中央政府來推動。中央關於把深圳建設成中國特色社會主義先行示範區的決定，非常令人鼓舞，其中不少內容都反映了過去數十年中國政府改革的一些寶貴經驗。

## 對話與討論：中美關係和中國扶貧

**?** 中國現在可以説是一個新興大國，但是我們的大國自信和我們的大國外交其實已經激怒了作為守成大國的美國，應該如何避免中美之間陷入"修昔底德陷阱"？

提出這個觀點的是哈佛大學的艾利森教授，我跟他一起討論過這個問題。他説這是書商的要求，包括中文譯本"中美必有一戰"之類的，有點標題黨，實際上他的結論相對還是比較謹慎的。他舉了 16 個案例，絕大部分都是守成大國和新興大國最後由於種種原因還是發生了武裝衝突，但也有沒有發生武裝衝突的案例。我當時跟他提了一個觀點，我説這 16 個案例都來自要麼歐美文化傳統，就是一神教傳統，即你贏我輸、零和遊戲的傳統，要麼像日本這樣學習西方軍國主義的傳統，沒有像中國儒家文化或中國傳統文化所宣揚的真正熱愛和平的民族和國家。何況，我們有強大的止戰能力，中國人覺得完全可以做到雙贏、多贏。

 ⬜⬜⬜⬜⬜⬜

中国移动　　　　　　4G .ill 81% ▭ 下午3:47

〈 對方正在輸入⋯　　　　　　⋯

但是我們跟西方打交道，特別是跟美國打
交道，也看得很清楚，美國只認實力。
如果你沒有強大的止戰能力的話，它就會
欺負你，而且欺負得很厲害，這種事情我
們經歷得太多了。所以我們一定要建立強
大的國防，該亮劍的時候一定要亮劍。從
目前大局來看，核大國之間打仗的概率很
小，因為這是共同毀滅。當然我們也不能
排除西方國家有一些極端勢力真的想玩
火。我覺得我們只要保持定力，戰略上藐
視對手，戰術上重視對手，同時確保國防
威懾力，該出手時一定要出手，這樣反而
能夠制止戰爭。

 古人說"授之以魚不如授之以漁"。中
國扶貧對於那些貧困人口真正的幫助在
哪裏？

"授人以漁"又是一個中國理念。十幾年
前，我曾見到東帝汶的領導人，東帝汶是
個小國家，他向我們介紹了東帝汶的扶貧
問題。他說我們的扶貧很簡單，我們有不
少聯合國、國際組織或其他國家的援助，
就把這些援助分給大家，一下我們就脫貧

中国移动　　　　　　　4G .ill 81% ▬▭ 下午3:47

< 對方正在輸入…　　　　　　　　…

了，但第二年又不行了。這種就不是"授人以漁"。

我們現在的扶貧戰略是扎扎實實的，比如最經典的就是幹部駐村，真的是駐村，而且是派大批的幹部，其中很多是後備幹部去鍛煉，到那邊幫當地的貧困戶，手把手地教他們。我曾提到過上海和喀什的聯誼，我專門去喀什做過調研，上海做了很多"結對子"的活動，就是職業培訓。比方説，喀什有很好的水果，上海就教他們保鮮技術；喀什有很多玉石等礦源，上海就教他們珠寶加工技術；現在紡織業發展很快，上海就教他們紡織技術；還有教他們汽車維修技術等，這些都是"授人以漁"。讓喀什的很多教師到上海的十幾個職業中專、大專院校接受培訓，再回去教當地學生，這個覆蓋面就很廣了。我覺得這是非常好的一點。中國"一帶一路"對其他國家也是這樣做的，不光是簡單地援助救濟，不光是"輸血"，還有"造血"功能，是這個概念。

中国移动　　　　　　　　4G ‖ 81% ▭ 下午3:47

< 對方正在輸入...　　　　　　　　...

**?** 大規模人口的脫貧，也就意味著大規模的資源消耗的增加。那麼我們國家有沒有足夠的資源，或者說我們國家有沒有能力從國內國外獲取足夠的資源來保證國民生活的持續改善？

當時改革開放之初，我們就是計劃經濟，比如每人多少斤糧食，定量的。一個重要原因是當時沒有足夠的生產力，另外就是當時 10 億這麼大的人口，要做到食不厭精怎麼可能？但現在我們通過社會主義市場經濟模式，做到了食不厭精，中國餐飲的豐富性恐怕多數國家都望塵莫及。中國人均資源相對短缺，一些關鍵資源，比如石油，像美國人那樣消費是不行的。但通過新能源，如太陽能、風能等，還是可以找到解決方法的。現在某種意義上確實有些問題，比如說食不厭精，吃海鮮光靠海裏的天然資源是不夠的，需要人工養殖來補充。我覺得一方面鼓勵生活豐富多彩，但同時也要強調適度消費，不要追求過度消費，鋪張浪費是一種沒有品位的生活方式，我們應該過有品位的生活。

🔊 _____ 😀 ⊕

◁　　○　　▢

第六章

# 抗疫：
# 中國優勢的勝利

# 兩種應對模式，是兩種制度的差異

2020 年突如其來的新冠肺炎疫情，是近百年來人類遭遇的一次影響範圍最廣的全球性公共衛生事件，是一場人類的共同災難，更是對全世界所有國家治理能力的一次重大考驗。在這場政治制度和治理模式的大考下，國際社會團結一致，共同應對才是人間正道。但西方有一些幸災樂禍的人藉疫情散佈各種謬論，比如美國一位冷戰思維學者在《華爾街日報》上撰文，標題是 "中國是真正的東亞病夫"。法國《皮卡爾信使報》封面用的是 "ALERTE JAUNE"（黃色警報），以此來影射 "黃禍"。美國商務部長羅斯則公開對媒體說，這場疫情將有助於製造業就業機會回流到美國。但所有這些觀點都立即引發國際輿論的嘩然，引起了國內外有識之士的抗議和反駁。因為多數人都認為，人類文明的底線是不容踐踏的。

在經濟層面，諾貝爾經濟學獎獲得者保羅・克魯格曼也批評美國商務部長羅斯，他說疫情對美國沒有任何好處，即便它不奪走你的生命，也可能奪走你的工作。2003 年非典暴發的時候，中國製造業只佔全球製造業的 8%，今天卻佔到 25%。如果中國製造業受到打擊，美國將深受其害。所以他認為羅斯的觀點是 "愚蠢的"。其實今天的世界經濟早已是密切聯繫的一個整體，一榮俱榮，一損俱損。美國《財富》雜誌曾刊文感歎，今天幾乎所有重要的電子消費產品都依賴中國。中國 iPhone 工廠復工推遲的報道，使蘋果市值跌掉 270 億美元。湖北是全球汽車零配件供應的關鍵區域，因為疫情，全球汽車產業掀起了一場停產危機，從日本日產到韓國現代，都因為中國供應的零部件短缺而遭受重創。德國近三分之一的企業遇到供貨問題。就連美國的藥品供應也出現了危機——美國使用的抗生素大部分來自中國；胰島素、抗抑鬱藥物、血液稀釋劑等，都直接或間接地依賴中國的供應鏈。所以英國《金融時報》認為，除非中國恢復生產，否則許多國家的藥企供應將很快耗盡。

美國一些勢力企圖藉這次疫情使美國經濟與中國脫鉤，但談何容易。中國過去數十年的開放是一種嵌入世界經濟體系的開放，中國早已是全球製造業產業鏈的關鍵環節。雖然過去幾年也有跨國公司生產線遷出中國，但大都是製鞋、成衣生產這些產業鏈非常短的生產線，像中國這樣具有世界最完整、超複雜產業鏈的經濟體全球難覓。更何況中國還是事實上世界最大的消費市場。我認為只要疫情在不太長的時間內結束，中國在全球產業鏈中的關鍵地位就無法撼動。我也認為中國一定能夠打好正在展開的這場經濟保衛戰。

在絕大多數國家都支持中國抗疫舉措的時候，美國居然有人指責中國採取的嚴防嚴控措施侵犯人權。比如，美國亞利桑那州立大學公共衛生法律與政策中心主任霍奇，指責中國"封城"導致"侵犯人權"。還有美國學者呼籲關注中國採取隔離檢疫措施的所謂的"陰暗面"。《紐約時報》甚至載文稱"新冠病毒危機暴露中國治理體系的'失敗'"。最後連新加坡總理李顯龍的夫人何晶女士都看不下去了，發聲質疑："如果中國治理體系'失敗'，那麼美國流感死亡案例這麼多，又暴露了什麼？"根據美國疾病控制與預防中心（即美國 CDC）截至 2020 年 1 月 25 日的報告，估計從 2019 年 10 月 1 日開始，也就是 3 個月不到的時間內，美國的流感已導致至少 1900 萬人感染、1 萬人死亡，其中至少包含 68 名兒童。

西方媒體這一輪鼓噪再次印證了我們經常提及的一個觀點，也就是在西方還有一些偏執狂，在他們眼中，中國怎麼做都是錯的：控制疫情是"違反人權"，疫情失控是"治理失敗"。所以我們的結論很簡單，不要理睬他們，就像魯迅先生當年所說的，鄙視這樣的人，"連眼珠子也不轉過去"，我們自己該做什麼就做什麼。

碰到這樣的疫情，西方模式根本無法應對。只要看看澳大利亞和美國加州 2019 年如何應對森林大火，看看美國如何應對 2009 年的 H1N1 病毒，看看美國如何應對 2005 年的卡特里娜颶風災害，就知道了。再比較一下中國是如何應對 2008 年汶川地震和這次新冠病毒的，結論不言自明。中國這次採取了果斷的應對措施，效果顯著，贏得了世界絕大多數國家的理解和支持。這次武漢迅速啟動十幾個方艙醫院，收治輕症患者，境外居然有人散佈謠言說這是"集中營"。但方艙醫院的患者開始練起廣場舞、八段錦、太極拳、廣播體操，讓外國人看得眼花繚亂，而且隨著出院的人越來越多，所謂"集中營"的謠言也就不攻自破了。

來考察的外國專家一開始都不理解中國怎麼能夠在那麼短的時間裏控制住疫情，因為他們在自己國家是見不到像我們這樣上下一心的通力合作的：政府下定決心不惜一切代價要控制疫情蔓延，醫治感染患者；部門之間互相協作，配合作戰；醫療工作者和志願者們紛紛奔赴最前線，將個人安危和利益置之度外；老百姓們聽從號召和安排，服從抗疫大局的需要，"宅"在家中，減少外出，避免聚集。我們這種政府組織、社會動員和老百姓的自我管理能力，是西方社會裏很難見到的。

2020 年 2 月 12 日，世界衛生組織在日內瓦召開執委會會議，一名歐洲記者問世衛組織總幹事譚德塞，為什麼這麼多次表揚中國，是不是中國方面對你提出這樣的要求？譚德塞這樣回答：我們不需要取悅於任何人，我們公開讚賞一些國家好的做法有兩個目的，一是鼓勵這些國家繼續堅持

▲ 全民抗疫

正確的政策，二是帶動其他國家借鑒、學習他們的做法。

他還指出，在這個大廳裏，在這次世衛組織執委會會議上，幾乎所有國家都對中國表示讚賞。中國採取了大規模的措施應對疫情，包括武漢"封城"阻止疫情向其他省市、其他國家傳播，他們讚賞中國行動。中國的舉措為各國防疫工作樹立了新的標杆。

我們不妨和美國應對 2009 年 H1N1 疫情做一個具體的比較。2009 年 3 月底，在美國加州和墨西哥暴發了 H1N1 流感，美國反應的速度應該說不慢。美國 4 月 15 日發現第一例樣本，4 月 18 日就報告世衛組織，4 月 21 日開始研發疫苗，4 月 23 日向公眾披露，4 月 25 日也就是美國發現第一例樣本後 10 天，被世衛組織宣佈此次 H1N1 疫情為"國際關注的突發衛生公共事件"，之後級別逐步升高，到 6 月升至最高等級 6 級。

4 月 26 日，美國政府也宣佈了全國範圍內的公共衛生緊急情況，並開始釋放應對疫情的國家戰略儲備。但令人遺憾的是，美國的防控舉措總體上沒有產生多大效果，未能阻止疫情迅速蔓延。3 個月後，世衛組織就不再要求各國報送確切的數量，只能是統計多少算多少。疫情暴發 6 個月後，奧巴馬總統宣佈美國進入"全國緊急狀態"，但此時疫情已完全失控。直到第二年春夏之交，疫情才被遏制住。因為最終也沒有準確的疫情數據，美國疾病控制與預防中心只能通過模型推算美國的疫情狀況。

據估計，在 2009 年 4 月 12 日到 2010 年 4 月 10 日這一年內，美國有 6080 萬人感染 H1N1，也就是全國五分之一的人口受到感染。其中 27.4 萬人住院治療，12469 人死亡，住院人群中死亡比例是 4.5%。如果將此和中國比較，那麼就把這些數字乘以 4，因為中國的人口是美國的 4 倍還多一點，這就大概是 2.5 億人感染，相當於 10 個上海市的總人口被感染，110 萬人住院，5 萬人死亡。此外，由於美國沒有採取任何措施阻止該疾病的國際傳播，到 2012 年年底，H1N1 疫情已傳染至全球 214 個國家和地區，導致全球高達 284500 人的死亡。

總之，無論用什麼標準看，美國對 H1N1 疫情的應對都是相當失敗的。其失敗的主要原因大概有這麼幾個。一是美國許多州的公共衛生資源無法應對這麼大規模的疫情，而聯邦政府的跨州協調能力嚴重不足。二是 2008 年美國剛剛爆發了戰後最嚴重的金融危機，企業倒閉，公司裁員，政府根本沒有財力來應對這樣的突發疫情。美國疫苗公司的生產也遠遠沒有達到原來設定的目標。三是美國政府和媒體都宣傳該疾病致死率低，導致許多民眾放鬆了警惕。第四就是美國嚴重缺乏國際責任感。

美國應對這種大型傳染疾病的做法，大致就是政府發警示，提供一些便利，然後基本上是個人的責任，自己採取防範措施，該去醫院就去醫院，醫生能不能治好全憑自己運氣，當然還要看財力。至於是否會蔓延到全球，美國是不管的。如果民眾對美國政府或者美國醫院有任何不滿，可以打官司，當然勝訴可能性非常低，而且昂貴的律師費還要自行支付。

而我國與美國完全不同。我在疫情防控期間做節目時，曾與武漢前線的一位 CT 設備安裝工程師王弘斌有過連線對話。最初，當他得知需要去武漢一線搭建 CT 設備時，第一個報了名，然後立即買了正月初三的機票，從新疆出發飛到上海。因為那時武漢所有的公共出行交通都已經停運，最後還是公司派車，把他們一行六人送到武漢的。從出發到武漢，王弘斌花了將近 30 個小時。在武漢，他們遇到了從未有過的難題。一般安裝設備的流程可能是，機房都已經建好，滿足裝機條件之後，他們才去安裝。但這次任務非常緊，就拿火神山醫院來說，它整個建設進度只有十來天，留給設備進場的時間也就 48 小時左右。雖然機器已經落在那裏了，但是機房、牆壁防護等都沒有，只能是現砌牆，現裝防護。就是在這樣困難的環境中，他們跟時間賽跑，連夜趕工，不到 24 小時就把設備調試好了。

　　王弘斌是很多前線工作人員的縮影，我們知道還有無數的醫護人員、民警、社區人員，以及沒有看到的保障人員。他們都是不計生死，不計名利，不計得失，奔赴前方。所以疫情能在這段時間裏有向好的變化，讓大家看到希望、看到光明，這是非常來之不易的，就是因為他們在奮鬥。我看過媒體採訪我們 "90 後" 護士的報道。這名護士講得很感人，她說我是 "90 後"，2003 年非典時，你們保護了我們，現在是我們承擔起責任的時候了。這說明我們的年輕一代已經成長起來，對國家、對社會充滿責任感。還有我們的海外華人，我 1 月 24 日、25 日在瑞士開達沃斯會議，當時國內口罩賣完了，他們就紛紛往國內寄送，這是華人的家國情懷，這種家國情懷很感人。

　　但如果你在西方長期生活過就知道，西方不可能有這樣的動員能力。我們的工程師，今天接到命令，明天就出發去武漢支援。西方呢，突發危急事件時，如果對方在休假，即便是總統，也可以繼續休假。比如，澳大利亞的山火燒成那樣了，政府首腦該休假還是休假。西方模式的特點是，有一整套完整程序，程序走完了，我就不管了。我經常說，中國在重新界定什麼叫現代化，現代化要適應各種各樣的新挑戰，現在西方制度真的遇到巨大挑戰。世衛組織總幹事就強調，中國創造了一種新的標杆。

　　中國和美國應對態度和效果的差別，實際上就是兩種政治制度的差別。美國所謂的民主制度，說到底就是一種程序民主而已，只要政府做的不違反程序，就算完成任務。新政府上來之後還是這樣的操作，多數人也沒轍。整個國家的制度設計就是如此。

　　當然美國有一個本事，就是資本力量控制的主流媒體，擅長設置議題，轉移視線，大事化小，小事化無，然而最終受到損害的是普通百姓，富人是不大會有損害的。不少美國網友認為，這次美國媒體大肆炒作中國疫情，很大程度上是為了轉移美國公眾對美國政府應對國內流感乏力的關注。

中國的政治制度是實質民主導向的，中國黨政體制對整個民族的命運負責，對中華民族的延續負責，用經濟學話語來形容，更像是"無限責任"政府。中華民族有"一方有難，八方支援"的文化傳承。中國共產黨有"人民生命安全高於一切"的政治理念，有強大的組織能力、動員能力和協調能力。中國人民有強烈的家國情懷，眾志成城，共戰疫情，一聲令下，14億人可以都"宅"在家裏，把病毒"悶死"。中國軍隊有"誓死不退，永不屈服"的戰鬥精神。中國模式的特點是多管齊下，互相協作——從大批奮不顧身奔赴前線的醫護人員，到無數辛勤工作的基層工作者和志願者；從電力、電信、糧油、航空運輸等領域的大型央企，到華為、阿里、騰訊、京東等大型民企，都瞬間投入戰鬥，大家齊心協力打好這場疫情防控阻擊戰、總體戰。這樣的民族、這樣的政黨、這樣的人民、這樣的軍隊、這樣的模式是無與倫比的，也是不可戰勝的。

只有中國這樣的國家、這樣的政治制度，寧可犧牲一段時間的經濟增長，也要對人民負責、對世界負責，才讓世衛組織總幹事感歎，到現在為止，中國把99%的發病率完全限制在境內，為國際社會共同解決疫情創造了一個寶貴的窗口期，也為世界防疫事業樹立了新標杆。在這個意義上，中國抗疫模式，就是構建人類命運共同體的實際行動。這和美國那種美國優先、極端自私、以鄰為壑、我贏你輸的模式截然不同。

從短期來看，中國模式意味著中國一國承擔更多的責任和代價。但中國人相信"天下為公"，相信"得道多助，失道寡助"。中國推行為整個人類負責的抗疫模式，必將贏得更多的朋友與更廣泛的共同利益。就像1997年亞洲金融危機爆發後，許多國家都競相把自己的貨幣貶值，以轉嫁危機，而中國展現了大國擔當，堅持人民幣匯率的穩定，最終贏得各國的尊重。對於此次中國抗疫，俄羅斯政治學者馬爾科夫也評價說：從中國的表現可以看出，這是一個真正偉大的國家，它獨自承受了打擊，保護了全人類。中國證明了自己有資格成為超級大國，並將以此身份走出疫情，從而大幅度提升自己的軟實力。

我曾讀到南非戰略分析家邁克爾·鮑爾在英國《金融時報》上發表的一篇文章，標題是"政府還能做得更好嗎"。文章中，邁克爾·鮑爾對西方國家指責中國的抗疫舉措感到義憤填膺。他請大家不要忘記，40年前以美國科學家詹姆斯·柯倫為首的團隊，在舊金山首次發現艾滋病病毒，1981年6月他們就發表文章提醒美國、提醒國際社會注意這致命的傳染病。然而直到1983年法國病毒學家首次在世界上分離出艾滋病病毒，當時美國的里根政府依然對此毫不在乎，甚至公開稱這種傳染病為"同性戀瘟疫"。而那時美國已經有800多人死於艾滋病。一直到1985年9月17日，艾滋病已在美國造成12000人死亡，里根總統才第一次使用"艾滋病"這個詞。所以邁克爾·鮑爾說，你能想象中國領導人在新冠肺炎暴發4年後才開始使用"冠狀病毒"這個詞嗎？中國領導人不到一個月就使用這個詞了。他感歎，如果美國政府能夠從一開始就注重艾滋病的防控，人類所蒙受的災難就會大大減輕。眾所周知，截至2018年，全世界累計有7490多萬人感染了艾滋病病毒，其中3200萬人死亡，他們已經永遠離開了這個世界。

在這裏我跟大家分享一段回憶。1987年4月15日，中國領導人鄧小平會見來訪的坦桑尼亞前總統尼雷爾，我擔任翻譯。後來他們的話題轉到艾滋病上。鄧小平當時非常肯定地說："艾滋病，美國最多，吸毒是一個主要原因。"接著又說："我們現在在嘗試用中草藥來治療艾滋病。"尼雷爾聽後說，對我們坦桑尼亞來講，現在最大的疾病還不是艾滋病，而是瘧疾。當時，尼雷爾的判斷也許是對的，但從今後發展情況來看，他低估了艾滋病在非洲氾濫的可能性。到了 20 世紀 90 年代，在博茨瓦納、南非、坦桑尼亞、莫桑比克、斯威士蘭等非洲國家，艾滋病已經成為當地的頭號殺手，一些國家甚至三分之一的成年人是艾滋病病毒感染者。在斯威士蘭，棺材行業一度成為整個國家增長最快的產業。那天，鄧小平還和尼雷爾探討了中非合作，用中西醫結合來治療瘧疾和艾滋病。鄧小平對他說，我們打仗時缺醫少藥，治病很多都是靠中草藥。

我回憶這段往事想說明兩點內容。一是中國從最高領導人到普通民眾都認為傳染疾病是人類公敵，各國要精誠合作，共同應對。人類歷史上經歷過天花、鼠疫、麻風、瘧疾等眾多瘟疫，沒有任何國家能夠獨善其身，構建人類命運共同體是人類社會的唯一正道。二是面對各種肆虐的病毒，我們要探索中醫藥治療和中西醫結合治療，中醫、西醫各有所長，可以優勢互補。這次抗疫過程中，中醫藥發揮了很好的療效，十分鼓舞人心。希望我們整個社會都更加重視中醫，更加重視中西醫結合，這條路一定走得通，而且這應該是中華文明對人類文明的寶貴貢獻。

## 歷史進程中的中國戰 "疫" 壯舉

中國疫情防控取得了階段性的勝利，然而新冠病毒在其他國家開始肆虐，總體前景十分堪憂。要知道，人類歷史上發生過很多瘟疫，一些大瘟疫及其影響，往往會改變人類歷史進程。

　　我們都知道，歐洲 14 世紀中葉曾經暴發過黑死病，也就是人們所說的鼠疫。一般認為，當年蒙古軍隊打到了今天烏克蘭這一帶，把瘟疫帶到了歐洲，後來又經商人傳到意大利，於 1347 年在意大利西西里群島暴發，隨後蔓延到整個歐洲。我記得鍾南山院士說，新冠肺炎疫情在中國暴發，但 “不一定發源在中國”。其實，這種情況在歷史上是常見的：歐洲黑死病的發源地不是歐洲；1918 年西班牙流感的發源地也不是西班牙。

　　14 世紀意大利的大作家薄伽丘寫過一本名著《十日談》，書中講述他親歷了黑死病給自己所在的城市佛羅倫薩帶來滅頂之災，80% 的佛羅倫薩居民死於這場瘟疫，而自己只是幸存者。他寫道：“街上行人走著走著就突然倒地死亡，死者皮膚上都是黑斑，城市瞬間變成人間地獄。”這場瘟疫肆虐十多年，造成至少 2500 萬歐洲人死亡，佔當時歐洲人口的三分之

▲ 14 世紀，意大利佛羅倫薩發生瘟疫（喬萬尼·薄伽丘畫作）

一。瘟疫之後是饑荒，是盜賊四起。

當時在歐洲，很多人都把猶太人和吉普賽人當作替罪羊，指責他們傳播瘟疫，結果導致了一浪高過一浪的種族主義迫害浪潮，無數猶太人和吉普賽人被活活燒死。這場瘟疫對後來的歐洲歷史進程產生了深遠的影響，重創當時佔主導地位的天主教會統治，很多人不再相信宗教虛構出來的天堂，為歐洲走出漫長的中世紀做好了精神上的準備。但同時，它也為後來西方盛行的種族主義、種族滅絕等思想和行為埋下伏筆。這讓我想到歐洲國家對美洲的殖民以及天花的肆虐，對印第安人來說，就是滅頂之災。印第安人曾創造過燦爛的文明：位於今天墨西哥的太陽金字塔，位於今天秘魯的納斯卡荒原巨畫，位於今天危地馬拉的瑪雅古城蒂卡爾等，都有著歷史久遠的神秘莫測之感，也有一種文明慘遭摧殘的淒涼和悲愴。哥倫布發現美洲大陸是 1492 年，此後長達一個多世紀的時間內，印第安人的主要文明如瑪雅文明、印加文明、阿茲特克文明等，被歐洲殖民者摧毀殆盡。

來自歐洲的殖民者，起初想讓印第安人皈依基督教，成為奴僕，但沒有成功，之後就大開殺戒，而歐洲人帶來的天花等瘟疫又成為他們征服印第安人的超級幫手。這些瘟疫在歐洲存在上千年，歐洲人獲得了不同程度的免疫力，但印第安人對這些瘟疫毫無免疫力，很快就被殖民者的槍炮加天花徹底擊垮。有許多資料記載了當時殖民者故意向印第安人傳播天花的行為：一些殖民者主動把天花病人沾染過的枕頭、毯子等作為禮品送給印第安人，造成了瘟疫的迅速蔓延。殖民者卻幸災樂禍，認為這是上帝對異教徒的懲罰。西班牙殖民者帶來的屠殺和天花，滅絕了 2500 萬印第安人。15 世紀，在現在的美國境內，大約有 100 萬印第安人，到 19 世紀末僅剩下 25 萬人。

美國加州大學洛杉磯分校的邁克爾·曼教授在其名著《民主的黑暗

面》中指出，美國國父傑斐遜一般被視為啟蒙運動的理性代表，但他也曾公開主張對印第安人進行種族滅絕。比傑斐遜晚了 100 年的美國總統西奧多·羅斯福也曾公開說，滅絕印第安人是 "終極意義上有益的，也是不可避免的"。邁克爾·曼教授認為，當年德國希特勒所推動的種族滅絕政策，實際上只是延續美國歷史上對印第安人的做法。

澳大利亞前總理陸克文在疫情嚴重期間，曾發表了一個演講，他強烈譴責這次新冠肺炎疫情過程中，美國等西方國家出現的種族歧視和仇恨犯罪。陸克文是西方國家領導人中為數不多的為西方歷史上迫害土著民族而公開道歉的政治人物。陸克文在中國受過教育，能說流利的中文，這種經歷可能使他對這類問題的認知比其他很多西方政要更為深刻。

這次抗擊新冠肺炎疫情中，大家經常提到一個世紀前發生的西班牙大流感，實際上它源於美國堪薩斯州的一個軍營。從 1918 年 3 月開始，僅半年時間它就席捲全球。西班牙有 800 萬人被感染，包括國王在內，這大概就是 "西班牙流感" 這個名稱的由來。世界範圍內這場流感感染的人數超過 5 億，約佔當時世界人口的 30%，造成的死亡人數在 5000 萬左右，這大概是第一次世界大戰死亡人數的 4 倍。這場大流感某種意義上提前結束了第一次世界大戰，因為交戰各國都已經沒有補充兵力能開往前線作戰，所以西班牙流感也改變了歐洲歷史的進程。

中國歷史上也經歷過許多瘟疫，民間甚至有這樣的說法："十年一大疫，三年一小疫。" 縱觀人類歷史，大規模的傳染病對人類的生存和文明進程帶來過嚴峻的挑戰，也讓人類付出了慘痛的代價。中國兩千多年的歷史中，有史可查的瘟疫大概是 350 場。比如中國人熟知的東漢末年三國初期的赤壁大戰，背後實際上有一場大瘟疫。當時曹操的軍隊在赤壁吃了敗仗，但史學家考證下來發現迫使曹軍敗走的關鍵因素是瘟疫。至於 "華容道捉放曹"這樣的故事，屬於文學家的創作。中醫藥也一直伴隨著與疫情的搏鬥而發展，東漢末年的名醫、人稱"醫聖"的張仲景就是在這期間寫下醫學名著《傷寒雜病論》的。

明朝末年，中國北方多次暴發天花和鼠疫。1633年鼠疫暴發，從山西蔓延到北京。1644年春，鼠疫在北京達到高峰。過去我們認為李自成政權在如此短時間內因墮落而覆滅，這些年，鼠疫這個凶悍的殺手被學者揭示出來。回望東漢末年的瘟疫和明末清初的瘟疫，它們都改變了中國歷史的發展軌跡。

這裏還要提一下1910年至1911年間在中國東北暴發的鼠疫。當時清廷處在風雨飄搖之中，但還是啟用了一位名叫伍連德的馬來西亞歸僑擔任防疫總醫官，主持東北疫情防控。伍連德力排眾議，通過解剖屍體找到病因後，果斷推動大規模隔離，在山海關設卡，限制和阻斷通往京津的鐵路交通。這場疫情造成四萬到六萬人死亡，但還是避免了更大的災難。伍連德也被公認是中國傳染病防疫的先驅。

歷史證明，中國人民永遠不會忘記那些為戰勝瘟疫做出特殊貢獻的人，從張仲景到伍連德到今天的鍾南山等一大批功臣。

人類歷史上傳染病肆虐，也反映在許多美術作品中。如荷蘭畫家勃魯蓋爾的《死神之凱旋》，西班牙畫家戈雅的《瘟疫醫院》，挪威畫家蒙克的《西班牙流感後的自畫像》。這些畫作具有一種悲劇的震撼力，直面個體的掙扎、絕望和死亡。中國美術史上反映瘟疫題材的作品不多，這可能和中國人的文化偏好有關。現在能看到的、可能與瘟疫有一定聯繫的作品，如抗戰時期畫家蔣兆和創作的《流民圖》，直面逃難者的悲愴，但人物形象還是與西方不一樣，是扶老攜幼的、與眾人緊緊相隨的逃散。中國人總體上拒絕頹廢，失望中總孕育著某種希望，這大概也是中華文明五千年延綿不斷的一個主要原因。

新中國成立後，中國人的精神面貌、衛生條件和健康狀況都發生了翻天覆地的變化，先後戰勝血吸蟲病、肺結核、天花、霍亂、鼠疫、麻風、甲肝、非典等傳染疾病。中國人均壽命從 1949 年的不足 35 歲提高到 2019 年的 77 歲。中國發達板塊地區的人均預期壽命普遍超過美國的 78 歲。上海人均預期壽命 83 歲，比紐約的 79 歲高 4 歲。中國的每千人病床數也早已超過美國。

20 世紀 50 年代時，毛主席為中國人民戰勝血吸蟲病寫下了豪邁的詩篇《送瘟神二首》。1958 年 6 月 30 日，毛主席讀到新聞報道，說江西餘江地區僅用兩年時間就消滅了血吸蟲病後，夜不能寐，一氣呵成寫下了這樣的詩句："綠水青山枉自多，華佗無奈小蟲何！千村薜荔人遺矢，萬戶蕭疏鬼唱歌。"血吸蟲病，是一種慢性寄生蟲病，禍害中國人民上千年。染上這個病，許多村莊變成了"無人村"，也就是毛主席說的"萬戶蕭疏鬼唱歌"。毛主席接著敘述戰勝瘟疫後的巨大喜悅："春風楊柳萬千條，六億神州盡舜堯。紅雨隨心翻作浪，青山著意化為橋。"也就是人民動員起來了，人人皆可成舜堯啊。今天不也是這樣嗎？當時中國 6 億人，現在是 14 億人，每個人都為這次戰"疫"做出貢獻。我想，這場戰勝疾病的人民戰爭，必將載入人類文明發展的史冊。

毛主席還專門為《送瘟神二首》寫了一段後記，總結了送瘟神的經驗，他是這樣寫的："黨組織、科學家、人民群眾，三者結合起來，瘟神就只好走路了。"這不就是 2020 年中國戰"疫"模式的精髓嗎？黨中央在關鍵時刻做出戰略決策，發揮堅強領導力量，科技人員和醫療隊伍廣泛參與，廣大民眾最大限度地動員與配合，最終我們迅速扭轉了疫情形勢。

這次戰"疫"中，世界衛生組織走進了國人的視野。世衛組織總幹事和世衛組織專家團隊，正直、專業、公道，具有人類情懷。疫情暴發之初，譚德塞總幹事就來中國實地調研。他感歎"我一生中從來沒有見過這樣的動員"，高度肯定了中國最高領導人的抉擇，高度肯定中國方案、中國速度和中國制度安排。他還多次指出，中國把 99% 的病例都控制在中國境內，為世界各國防控創造了寶貴的窗口期，還比較準確地預測出窗口期大概是一個月。

2 月下旬，世衛組織又告訴世界，中國創造的這個窗口期正在縮小，各國必須立即行動起來，否則後患無窮。可惜由於種種原因，世衛組織的這些呼籲在絕大多數西方國家都沒有得到重視，西方的很多偏執狂還是幸災樂禍，瞧，我們多民主，我們多自由，歌照唱，舞照跳，萬人馬拉松照跑，你們中國"沒有人權"，搞"集中營"。現在看來這些偏執狂是多麼傲慢和愚蠢。

世衛組織訪華專家組組長布魯斯·艾爾沃德向世界介紹了中國的應對方案，認為這是世界上"唯一已被證實確實有效的方法"。西方媒體總是反問：中國的做法不是侵犯人權嗎？民主國家怎麼能學專制國家的做法？艾爾沃德告訴他們：你們認為中國人是出於對政府的恐懼才配合防控措施的，中國政府在你們眼裏好像是個會噴火、會吞食嬰兒的惡魔，但我和那麼多普普通通的中國人交流過，在旅館裏，在火車上，在街頭，他們都有一種強烈的信念 —— 我們必須幫助武漢；他們像應對戰爭一樣動員起來，他們相信自己是站在了第一線，相信自己的行動是在保衛中國其他地區，乃至整個世界。

我記得 BBC 記者問中國戰"疫"的做法是否侵犯人權時，艾爾沃德回答說："不是的，這是偉大的人道主義。"他多次談道："我親眼看到了中國人身上表現出來的一種巨大的責任感，要保護自己的家庭、自己的社區、自己的國家，要保護人類，這讓人動容。"他還這樣講："中國有人道主義精神，這些人辛勤工作，他們非常願意分享，他們為自己的工作驕傲，他們謙虛、不傲慢，他們有責任心。我之前也說過，那些和我們一起工作的中國人讓我欽佩，也很受鼓舞。"當我看到譚德塞和艾爾沃德坦然應對這些西方記者時，想起當年蔣介石政權封鎖任何關於中國紅色根據地的正面報道，把中國共產黨人描繪成"青面獠牙的惡魔"。但一位正直的美國記者埃德加·斯諾實地走訪了紅色根據地，於 1937 年發表了一本震撼世界的著作《西行漫記》，戳穿了蔣介石的謊言。今天譚德塞、艾爾沃德堅持講真話，講專業的話，講有人類情懷的話，這與西方媒體乃至西方社會廣泛存在的對中國的傲慢與偏見形成鮮明對照。許多西方人也通過世衛組織的客觀介紹，進一步了解乃至敬佩中國。這種認識可能比過去任何時候都要真實和深刻，這往往是通過他們自己的生命體驗感悟出來的。

　　我甚至覺得現在有些西方媒體的調門開始改變。當這些西方媒體人感到自己的生命也受到威脅時，其中有一部分人似乎開始懂事了，開始悟出一點在中國幾乎人人都懂的道理：人要呼吸，人命關天，病毒不分敵我；西方制度有很多問題，中國模式的很多方面是西方望塵莫及的。世衛組織說，中國經驗的核心是"速度、資金、想象力和政治勇氣"。今天西方模式的特點，我個人認為是，沒有速度、缺少資金、缺乏想象力和政治勇氣。回望疫情剛開始暴發時，中國是一個被西方輿論深深傷害、反覆羞辱的國家。一些西方人士和媒體幸災樂禍，落井下石，認為這場疫情是中國的"切爾諾貝利時刻"，期待中國體制走向崩潰。然而，一個半月過去，世界疫情出現驚天逆轉，中國戰"疫"穩步走向勝利，那些幸災樂禍、落井下石的始作俑者開始陷入一個接一個的災難。西方冷戰思維偏執狂和他們的制度面臨自己的"切爾諾貝利時刻"。關鍵是，他們的傲慢和愚昧禍害了自己的國家和人民。我們主張構建人類命運共同體，但前提是要與這種傲慢與愚昧進行堅決鬥爭，否則是不可能成功的。

對於 14 億中國人來說，這大概也是有史以來最大規模的一次，我稱之為開放式的、體驗式的中國自信和制度自信公開課。它涉及面廣，觸及每一個中國人；它時間短，也就是兩個來月，可能還會延續一段時間；它強度大，震撼每個敬畏生命者的心靈；它道理直白，中西方制度比較，孰優孰劣，不言自明。我老說這句話：中國模式並非十全十美，它有許多可以改進和完善的地方，但就現在這個水平，也可以和西方模式競爭並勝出。

今天，西方制度最缺乏的就是中國人的實事求是精神。但是，西方政客天天忽悠國民：我們情況很好，新冠肺炎疫情是一個反對黨製造的"新騙局"，即使來了，也不要害怕，就是大一點的流感。他們甚至用限制疾病檢測這種鴕鳥政策來創造一種虛假的安全感。當災難降臨，他們又陷入混亂和抓瞎，有些人還想"甩鍋"中國，還有比這種行為更加卑劣的嗎？

我們說，西方的言論自由是非常有限的。通過這次疫情可以看到，哪怕有十個吹哨人、十個發哨人也沒有用，只要你敢違背資本的力量，就可以讓你整個機構及其專家統統閉嘴。沒有副總統批准，誰也不許談疫情，這就是美國的所謂言論自由。

我們說，西方的制度長於空談，短於做事。中國人以最大的犧牲為世界創造了寶貴的窗口期，但美國這個 3.3 億人的所謂的民主國家、超級大國，到 2020 年 3 月 8 日才檢測了 1707 人。疫情暴發後已經多少天都過去了，連檢測所需試劑的百分之一都沒有準備好。

我們老說，美國制度今天最大的問題是資本的力量太大。難道不是嗎？做一次肺炎測試，用一次救護車，都是數千美元。醫院幾乎都是私立的，住一次醫院可以讓很多人破產。美國人民要求全民醫保，已經一百多年了，迄今尚未實現，這怎麼應對這次疫情？中國是免費治療，應收盡收，寧願床等人，也不要人等床。許多美國人已經公開呼籲美國認真學習中國抗疫的經驗，因為這些經驗是全人類的財富。

我早就不使用"發達國家"這個詞，除非不得不引用別人的觀點，因為所謂的發達國家不發達的情況比比皆是。這個詞給了西方國家太多名不副實的影響力。

人類歷史上，大的疫情可以改變歷史進程。我的判斷是，今天這場疫情也將改變歷史進程。我們正在經歷百年未有之大變局，我們正在見證世界歷史的大轉折，人類歷史發展的進程中總有一些關鍵時刻，可能只有幾天或者幾個月，但世界格局就再也不一樣了。我想這次疫情可能就是這麼一個轉折點，讓我們共同見證吧！

## "最終戰勝疫情，關鍵要靠科技"

隨著新冠肺炎疫情在世界多點暴發，澳大利亞、加拿大、法國、美國等西方國家，都出現了日常生活用品的搶購潮，米、麵、瓶裝水、衛生紙、消毒液，以及冷藏櫃裏的東西幾乎都搶購一空。美國大型連鎖超市好市多（Costco）趁勢推出"末日套餐"，就是些罐頭食品，最長的可供四口之家吃一年，也是瞬間銷售一空。美國很多年長者都說，一生中也沒見到過這樣的搶購。美國一些地區的槍支彈藥銷售也在飆升，究竟是"至暗時刻"將至呢，還是美國眾議院議長佩洛西推崇備至的"美麗的風景線"將至呢，我們會看到的。

相比之下，疫情在中國暴發後，社會處亂不驚，市場超級穩定。雖然有些地方偶爾出現過搶購口罩、雙黃連等物品，但很快就過去了，幾乎沒有發生日常生活物資的搶購。在如此長的時間內，十幾億人多數時間"宅"在家裏，基本生活需求得到充分保證。只要一部手機在手，生活物資應有盡有。物流配送沒有中斷，配送時間雖然比疫情暴發前慢了一些，但比國外平時的速度還是要快很多。此外，這次長假中，網絡視頻、網絡課程、網絡診療、網絡遊戲等，都大放異彩。

而且短短數月畫風突變：中國風景獨好，外國風景獨特，中國成了世界上最安全的國家。歐美飛中國的機票價格飆升了五六倍，還一票難求。兩個月時間裏，大家都上了一場驚心動魄的制度自信公開課，規模之大，感觸之深，可能對於每個中國人來說都是終生難忘的。中國社會主義模式並非十全十美，還有許多可以改進的地方，但在國際比較中，還是明顯地勝出。

黨中央的戰略定力、國家強大的綜合實力、百姓的拳拳愛國心等，讓中國社會臨危不亂。此外，過去這些年，中國高新技術的跨越式發展，幾乎重塑了中國社會運行的基礎設施。移動互聯網、大數據、人工智能等，在中國社會運用的廣度、深度和厚度，確實遠遠超過西方國家。

中國真正經歷了一場互聯網革命。互聯網技術是西方發明的，但從一開始，西方就把互聯網政治化，以信息自由和言論自由的名義，在世界各地推動顏色革命，結果是搬起石頭砸了自己的腳，"阿拉伯之春"變成"阿拉伯之冬"，導致很多歐洲國家陷入難民危機。而美國等主要西方國家被民粹主義大潮席捲。

　　相比之下，中國互聯網和高新科技的整體指導思想是“以人民為中心”。習主席明確要求互聯網必須“為老百姓提供用得上、用得起、用得好的信息服務”，要中國人民“在共享互聯網發展成果上擁有更多的獲得感”。“用得上”“用得起”“用得好”，僅這三個詞就引來多少西方人的羨慕！中國這種民本主義導向的互聯網乃至整個科技發展的大思路，使中國成為世界上唯一一個“一部手機，全部搞定”的國家，給人民生活帶來巨大便利，給企業帶來無限商機，也使中國邁入了第四次工業革命的“第一方陣”。

　　在這次戰“疫”過程中，中國醫學科研隊伍展示了雄厚的實力，他們在不到一週的時間裏，就確定了新冠病毒的全基因組序列，並分離得到這個病毒的毒株，而且及時與全球共享，獲得國外醫學界同行的高度評價，為國際社會共同戰勝這個疾病，做出了寶貴的貢獻。他們還採取多條技術路線，推進疫苗的研發，取得了積極的成效。

　　此外，我國先進的醫療設備，特別是車載移動醫院，也在戰“疫”中發揮了巨大的作用。上海東方醫院的劉中民院長，曾在我的節目中詳細介紹過這種先進設備。十輛車就可以形成一個車載移動醫院，它具備檢查分類、實驗室檢驗、治療等各種能力。在災難現場，醫生們甚至可以開展開顱開胸這樣的高難度手術。同時，它還可以展開 100 張病床，是一個全功能的醫療單元。就比如支援專家到達武漢後，接管了方艙醫院。但方艙醫院是臨時組建的，沒有配備設施。這時，移動車載醫院就派上了用場。因為它本身配備了後勤保障系統、醫務人員辦公系統、指揮系統、信息系統，可以直接移植到方艙醫院裏，先用起來。此外，25 頂帳篷展開。帳篷展開後，為醫護人員提供了餐飲、休息、更衣等後勤保障。移動車載醫院這一套設備，可以說科技含量是非常高的。總書記說過，要戰勝疫情，最終要靠科技的力量。我們的中國科技，在關鍵時刻發揮了巨大的力量。

在這次戰"疫"過程中，中國整體信息化水平得到充分展現。17 年前非典暴發時，中國主要還是靠電視傳播信息。今天，互聯網已成為信息發佈的主渠道，手機、網站，以及各種權威渠道發佈，讓疫情相關信息變得十分透明。我們只要比較一下中國和美國疫情信息的發佈質量、兩個國家的疫情防控水平，包括信息化水平，就高下立判。

這次疫情防控中，5G、AI 算法、無人機、機器人等都發揮了重要作用。比如，5G 雲端智能機器人幫助醫護人員進行導診、消毒、清潔、送藥等，5G 熱力成像測溫系統在人流出入較多的地方廣泛應用。疫情暴發後，各大雲計算廠商，率先宣佈向科研和醫療機構免費開放 AI 的算力。通過 AI 算法，原本需要數小時的疑似病例基因分析時間縮短至半小時，為後續疫苗和其他藥物開發，打下堅實基礎。

大家可能還記得"無人機喊話村民老太太戴口罩"的視頻。這次戰"疫"中，許多中國式的幽默層出不窮，反映了中國基層工作者無限的創意，也讓"宅"在家裏的人民忍俊不禁，比如"各位居民朋友，請大家嚴守規矩，我們這裏沒有雷神山，沒有火神山，也沒有鍾南山，只有抬上山"。

遠程辦公、在線教育、在線短視頻等在這次長假中大放異彩。我自己在 2020 年 2 月 23 日晚上，第一次通過"騰訊會議"軟件，與央視新聞做了一個小時的連線直播，和觀眾討論中國戰"疫"模式等話題，沒想到竟有 7770 多萬人在線觀看，這大概相當於英國人口和荷蘭人口加在一起。其間，一位來自武漢的中學生告訴我，我 10 年前寫的《中國震撼》這本書，給了他很大鼓舞。我們進行坦誠互動。在封城封戶的武漢，這麼多孩子還在刻苦讀書，令我十分感動。

中國人是非常重視教育的。我記得 2008 年汶川地震的時候，一位英國記者看到映秀村遇難的孩子留下的作業本，上面抄寫著密密麻麻、工工整整的方塊字，感歎地說，中國一個偏遠村莊孩子的作業，可以讓所有英國的同齡孩子感到慚愧。遠程課堂教學這次被廣泛運用，學生"宅"在家裏繼續上課，在國內大家可能覺得沒什麼，但如果你把一個中國孩子在家上課的視頻拍給外國人看，估計可以感動很多人。他們就會明白為什麼中國人這麼有競爭力，為什麼中國科技進步得這麼快。在線教育還是一個不斷完善的過程，但這次超大規模的應用，必然為這個領域開拓廣闊的前景。

此外，基於大數據的個性化信息服務也大顯身手。現在絕大多數中國人都有一個健康碼，紅、黃、綠三種顏色，極大地方便了疫情防控。大家手機上的"確診患者同乘查詢"小程序，方便第一時間發現密切接觸者。基層社區都有微信小程序，提供點對點社區服務。這一切，在西方國家是做不到的，除了信息化水平差距外，西方文化中的個人權利至上也是一個原因。但願經過這次疫情的生死考驗之後，西方有更多人能夠借鑒中國文化中把權利和責任加以平衡的樸素智慧，否則西方社會將越來越難以應對大規模的突發公共危機。《人類簡史》的作者尤瓦爾·赫拉利也坦承：在 21 世紀，如果要人們在隱私和健康之間做一個選擇的話，多數人會選擇健康。

這次戰"疫"過程中，各種硬核科技得到廣泛應用，背後是新中國科技事業的跨越式發展。我曾經說過，今天世界上，事實上只有中國和美國處於第四次工業革命的"第一方陣"。回望中國科技事業一路走來，披荊斬棘，真不容易。

1949 年新中國成立，毛主席就提議建立中國科學院。1956 年 1 月，黨中央發出了"向科學進軍"的偉大號召。毛主席指出："我國人民應該有一個遠大的規劃，要在幾十年內，努力改變我國在經濟上和科學文化上的落後狀況，迅速達到世界上的先進水平。"隨後，中央制定了十二年的科技發展規劃，將無線電、自動化、半導體和計算技術列為四大重點，不久又啟動"兩彈一星"計劃。1956 年 2 月 1 日，毛主席設晚宴招待全國政協委員。他看了宴會來賓的名單後，用紅鉛筆把錢學森的名字從第 37 桌勾畫到了第 1 桌。他和錢學森聊了很多。毛主席後來對錢學森說，要獨立自主，自力更生，敢於走前人沒有走過的道路。總之，中國共產黨的前 30 年為我國確立獨立的科技體系打下了基礎。

鄧小平也高度重視科技事業，他率先提出"科學技術是第一生產力"的命題。20 世紀 90 年代，當時我還在歐洲，有一次參加中國駐日內瓦聯合國辦事處舉行的國慶招待會，碰到美籍華裔物理學家丁肇中先生，他給我回憶了一段鄧小平的往事。那是 1977 年，鄧小平問他："能不能派 100 個中國物理學家到你那裏去學習和工作？"丁肇中說，我整個實驗室才 30 來個人。鄧小平說："那麼我派 10 個。"當時丁肇中的實驗室設在德國，中德之間還沒有這種交流機制，丁肇中說要問問德國政府能否接受中國科學家的來訪。鄧小平說："你今天就打電話問，明天告訴我。"這就是鄧小平的風格，雷厲風行，也反映了他期望培養一流科技人才的迫切心情。後來，丁肇中在位於日內瓦的歐洲核子中心工作了很多年，每年都有不少中國物理學家到他的實驗室工作。

1992 年鄧小平在深圳視察時說："我要感謝科技工作者為國家做出的貢獻和爭得的榮譽，大家要記住那個年代，錢學森、李四光、錢三強那一批老科學家，在那麼困難的條件下，把'兩彈一星'和好多高科技搞起來。"談到高新技術時，他說："越高越好，越新越好，我高興，人民高興。"如果他仍然健在,看到今天的深圳已經成為第四次工業革命的創新中心,看到一個華為公司就可以讓美國總統宣佈緊急狀態,看到中國高新技術跨越式的發展,給人民生活帶來如此之多的便利,我想他會多麼高興。

習近平主席主政以來,明確提出中國科技要趕超世界先進水平。2016年,他在視察中國科學技術大學時強調:創新居於五大新發展理念之首,要依靠創新,把中國的產業提升到中高端。我國的經濟體量到了現在這個塊頭,科技創新完全來自國外是不可持續的。我們毫不動搖地堅持開放戰略,但必須在開放中推進自主創新。習主席提出:"要採取'非對稱'戰略,更好發揮自己的優勢,在關鍵領域、卡脖子的地方下大功夫。"這次疫情暴發後,他又指出,"最終戰勝疫情,關鍵要靠科技",提出要統籌推進"疫情防控第一線"和"科研和物資生產"這兩條戰線。全國科技戰線也迅速行動起來,確定臨床救治和藥物、疫苗研發、檢測技術和產品、病毒病原學和流行病學、動物模型構建五個主攻方向,爭分奪秒,短時間內取得積極進展。

這也讓我想起美國國會 2020 年 3 月 11 日舉行的疫情聽證會。一位美國眾議員質疑美國總統領導疫情防控的能力。他問美國國家傳染病研究所所長安東尼·福奇,特朗普總統曾經說過這樣的話:"沒人比我更懂疫情,沒人比我更懂醫學,你們知道,我的親叔叔約翰·特朗普是 MIT(麻省理工學院)的著名教授啊,我們的家族是有遺傳基因的。"總統講這番話的時候,你本人在場,作為科學家,你為什麼不告訴他,這是什麼邏輯?這是荒謬的。能相信這樣的人領導美國的疫情防控嗎?另一位眾議員乾脆稱,特朗普對股市的重視程度高於對美國人生命的重視程度,不是嗎?當然,美國疫情防控是另外一個大的話題,我們以後有機會再談。

　　世衛組織反覆指出中國抗疫經驗是世界上 "唯一已被證實確實有效的方法"。非常有意思的是，這一次，西方國家開始講國情了。他們說因為他們的國情與中國不同，他們認為自己無法採用中國的做法。儘管很多西方國家的專家甚至普通民眾都建議本國政府學習中國，但這些國家的主流媒體和政府卻堅持聲稱，我們的國情不一樣。

　　2019 年 10 月我在法國也碰到類似的情況。這些年巴黎治安每況愈下，即使在巴黎市中心，晚上出去散步也要十分小心。不少巴黎市民建議學習中國，加強城市治安，加強電子監控，一些單位也派人到中國學習考察。但法國《費加羅報》發了一篇文章說，絕不能學習中國模式，那是違反人權。所以，我和法國學者討論到這個問題時，我說你們社會治安這麼差，本身就侵犯了多少人的人權。至於電子監控，英國的倫敦在 10 年前就是世界第一了，經歷了這麼多恐怖襲擊，最講究保護隱私的英國人都認可了。再者，從哲學層面來看，我認為你們不應該用工業文明的眼光來看待信息文明，這會鑄成大錯。中國人對新技術革命的態度比你們要開放，我們力求以信息文明的眼光來看待信息文明，我們認為信息文明是不可阻擋的歷史大潮，我們要順勢而為，趨利避害，在發展過程中解決可能出現的各種問題，無論是技術問題、倫理問題、隱私保護問題還是法律問題，我們認為只要大家努力，這些問題最終都是有解的。

　　這次戰 "疫"，我們打了三種戰爭：人民戰爭、總體戰、阻擊戰。高新技術無疑為此提供了最先進的武器，而貫穿這一切的，還有一種寶貴的中國精神。中國精神與高科技的結合，是我們這次戰 "疫" 制勝的法寶。

　　首先說阻擊戰。阻擊戰就是在疫情突然暴發之際，立即阻斷疫情蔓延，為此我們封城，打響武漢保衛戰。同時，其他省份紛紛啟動一級響應。一批又一批醫護人員第一時間從中國各地奔赴武漢，這是一種 "共赴國難，衝上去”的中國精神。我們 10 天就建成了 1000 個床位的火神山醫院，這是全世界第一家全面使用 5G 網絡的高科技醫院，整個施工與設備安裝 24 小時連番作業，保質量、搶時間。這背後也是“共赴國難，衝上去”的中國精神。

再說總體戰。它是上上下下，東西南北中，數十個部門日夜協調作戰，展現了“一方有難，八方支援”的中國精神。我們的大數據技術，無疑是這次總體戰的“神助力”。比方說通過大數據，電腦上可以隨時展示全國各地的春節人口遷徙圖，而且交通、電信、地圖等信息都綜合在一起，自動匯合，為總體戰的指揮和協調提供了科學依據。

最後說人民戰爭。毛主席說，戰爭的偉力在於民眾。習主席說，把人民的生命和健康放在第一位。這次戰“疫”做到了最大限度動員人民直接參與，人人為我，我為人人。各種硬核科技使人民直接參與成為可能，比如權威信息通過微信直達基層、直達百姓，大家第一時間知道做什麼，怎麼做。大多數人第一時間取消旅行；大家外出都佩戴口罩；網上上線了疫情實時動態、免費義診、各省市醫療救治的定點醫院、發熱門診信息等服務。同樣是“宅”生活，在中國，和在意大利、法國、澳大利亞、美國的體驗是不一樣的，更不要說第三世界國家了，總體上中國的“宅”生活品質遠遠高於西方國家。

坦率地說，這種由阻擊戰、總體戰、人民戰爭構成的中國模式，再加上高科技的“神助力”和偉大的中國精神，其他國家確實難以複製、難以模仿。阻擊戰就是要一批人衝上去，總體戰就是要多部門合作，人民戰爭就是要全體人民的動員。這就是中國模式厲害的地方。這次戰“疫”使全世界都看到一個高效運轉的中國，一個超級現代的中國，一個充滿團結精神和獻身精神的中國。

西方一開始認為新冠肺炎就是一場大一點的感冒，中國反應過度。但這些人，包括專家，始終沒有講一個事實，就是它的傳播係數。因為根據我看到的不同資料，新冠肺炎的 $R_0$（基本傳染數）是 2—4。哈佛大學教授認為是 3.6，說相當於原子彈。如果是指數級傳播的話，那就不得了。現在英國、法國、德國都說可能人口的 30%、40% 都會感染，哪怕病死率很低，1% 甚至不到 1%，那死亡人數都是幾十萬的。在我看來，這是他們犯的巨大錯誤，現在證明不是我們過度了，是他們太輕視了。這也反映出不同國家的價值觀。他們覺得 2% 到 3% 的病死率是可以接受的。但是在我們今天的中國，覺得是不能接受的。我們是一個人口大國，哪怕病死率只有 1%，乘上人口基數，都是不得了的絕對數。所以是不是把人民健康放在第一位、是不是放在心上，從這些所謂的政治家也好，政客也好，他們的言行舉止中，其實是能判斷出來的。所以譚德塞總幹事一直在強調的一句話是，這不僅僅是一個個數字，每一個數字後面都是生命。

當然，世界疫情已經多點暴發，西方世界可能會陷入金融危機和經濟衰退，甚至不排除西方模式從此走下神壇。我相信這是歷史大轉折的時刻，只要我們目光遠大，腳踏實地，齊心協力，把握戰機，該出手時一定出手，中華民族偉大復興的目標，將得到更好實現，構建人類命運共同體的全球共識，也會更加強烈。而中國模式和中國科技的偉大力量，一定能在這個過程中發揮十分重要的作用。

對於我們中國人來說，新冠肺炎疫情毫無疑問給我們帶來了傷痛，但是也催生了我們無窮的勇氣和信心，而且事實上到現在已經證明中國的努力可以戰勝它，所以我們也希望在跟世界分享經驗的同時，也把這種信心和勇氣分享給全世界。未來可能還有其他人類共同面臨的挑戰，我們一起應對。

# 對話與討論：中國抗疫和外媒的雙重標準

中国移动　　　　　　　　4G ▂▃▄▅ 81% ▭ 下午3:47

< 對方正在輸入 …　　　　　　　　　…

世衛組織專家布魯斯‧艾爾沃德在接受美國記者採訪時說：中國的抗疫方式可以被複製，但這需要速度、資金、想象力和政治勇氣。速度、資金這兩項大家可能不難理解，想象力和政治勇氣怎麼去解讀？

這個想象力就是，過去西方人好像認為，戰勝疾病就要等疫苗、藥物，其他辦法不行；中國是能用什麼辦法就用什麼辦法，沒有這麼多條條框框，像封城，他們估計想都不敢想，我們就這樣做了。而且這麼厲害的病毒，沒有治療經驗，現在突然之間開始減緩了；在沒有特效藥和疫苗的情況下，我們居然控制住了，這是他們想象不出來的。艾爾沃德的經歷很豐富，去過西非，埃博拉就是他牽頭的，我相信他從來沒有經歷過、感受過這樣的場景。
政治勇氣，我覺得特別重要。我在俄羅斯停留時，他們問我中、俄、美三者的關係，我說你們就看領導人的素質，中國和俄國是政治家治國，美國是政客治國，

中国移动　　　　　　　4G▮ll 81% ▭　下午3:47

< 對方正在輸入…　　　　　　　　…

甚至連政客都不是，只是商人在治國，這產生的結果是不一樣的。封城的決定是不得了的，我真希望哪天能把封城的整個決策過程寫出來，我想一定是驚心動魄的，真的，晚一天都不行，你想馬上就是年三十，大家吃飯，病毒可能就傳開了。所以這個勇氣是非凡的，我真的覺得我們黨中央很給力，習主席非常給力。

《紐約時報》在報道中國和意大利採取封城措施時的態度，真的可以説是截然不同。談到中國時説我們的封城給人民的生活和自由帶來損失，説意大利是為了防止疫情在歐洲擴散而不惜犧牲經濟。請問老師，怎樣看待某些西方媒體的雙重標準呢？

實際上西方主流媒體雙重標準，已經屢見不鮮，比比皆是。説到兩個地方封城的不同報道，讓我想到最典型的就是他們對恐怖主義事件的態度，中國人被殺了不是恐怖主義事件，美國人被殺了才是恐怖主義事件。在人權問題上也是，他們在阿富汗殺了那麼多人，行侵犯人權之實，但在他

中国移动　　　　　　　　4G ılıl 81% 🔋 下午3:47

< 對方正在輸入… 　　　　…

們眼中，這不是侵犯人權，而是捍衛人權；而中國的任何事情，到他們口中，都是侵犯人權，包括建方艙醫院。這些事情我們見得太多了，所以我們在節目中總是説，不要理睬他們了，把他們留在黑暗中吧。這一次我發覺隨著疫情的逆轉，他們自己的生命也受到巨大威脅的時候，有些人開始覺悟了，認識到他們的媒體對中國的報道這麼長時間以來出了很多問題。

# 第七章

# 百年未有之大變局：
# 中國崛起

# 百年未有之大變局

　　"百年未有之大變局"這句話最早的說法是"千年未有之大變局",這是清末洋務運動的領導人之一李鴻章提出來的。當時,數千年的中華文明一碰到西方,遭遇各種挑戰,以前從沒見過這種情況,於是"三千年未有之大變局"的說法就在民間流傳開來。我在 2011 年出版的《中國震撼:一個文明型國家的崛起》中曾提出一個觀點:"如果說一個半世紀前,西方染指中國,給中國帶來了'千年未有之大變局',那麼世界可能正在目睹,並且將繼續目睹中國崛起給西方、給整個世界帶來的'千年未有之大變局'。"我之所以這樣說,是因為中國這樣規模的"文明型國家"一旦崛起,無論做什麼,都可能成為世界級的規模,產生世界級的影響。

　　習近平主席在 2018 年中央外事工作會議上談國際形勢時提到,中國現在處在近代以來發展最好的時期,這是國內。國際就是,現在整個世界是"百年未有之大變局"。百年可以指一百年,也可以指數百年,我想它指的是數百年。這主要是從兩個角度來看的:一是西方從所謂的航海時代、哥倫布發現美洲大陸,到現在 500 多年,這是數百年;二是從第一次工業革命 1776 年,就是 18 世紀下半葉,到現在 250 多年,這個時間,我們也稱之為數百年。這期間出現的最大變化就是西方國家和其他國家的力量對比發生結構性的改變,其他國家板塊上去了,其中最主要的是中國,由此整個世界格局開始改變。我們過去學發展經濟學總會講到依附理論,一個是外圍國家,一個是中心國家,然後外圍依附中心,外圍供養中心。中國的崛起第一次突破了這種結構，世界治理結構由此發生了深層次的變化。

　　"百年未有之大變局"這種景象通過中國人"一帶一路"的創舉而日益清晰地展示在人們面前。"一帶一路"創舉在某種意義上正在重塑這個世界。我曾經講過，"一帶一路"開啟了海、陸文明再平衡進程。與一個半世紀前中國遭受的"大變局"不同的是：當時西方列強帶給中國人民的是血與火，是大量痛苦悲慘的記憶，而今天中國給世界帶去的是合作共贏，是邁向人類命運共同體的實質性創舉。

　　"一帶一路"正在改變過去四五百年所形成的海洋文明對大陸文明的主導，推動互聯互通和要素流動，中國內陸和許多內陸國家從商貿開放的後方一躍成為前沿。在一個更廣的意義上，"一帶一路"可能推動建構一種新的地緣文明，即超越傳統地緣政治和地緣經濟的邏輯，不是以鄰為壑，而是合作共贏。"一帶一路"為世界提供更中性的公共產品和理念，提倡文明對話和民心相通，提倡不同發展規劃的溝通和對接，而不是互相替代，代表了未來國際合作的方向。總之，"一帶一路"創舉正在改變這個世界，正在開創和引領一種新型的全球化，正在給中國人民和世界人民帶來實實在在的福祉。

　　2020 年的新冠肺炎疫情也是一個標誌性的變化。國際上有些人士認為，中國現在援助歐洲國家，中國要代替美國了。美國現在由於種種原因沒有能力來幫助其他國家，甚至連自己都做不好。客觀而言，從世界角度來說，這實際上就是"百年未有之大變局"的一部分。大家看得出來，歐洲本身沒有能力，美國也沒有能力擺脫這樣的危機，中國現在出手某種意義上就是定了調。所以西方很多帶有冷戰思維的人就非常擔心，擔心美國恐怕要失去世界領導地位，他們用了個詞叫"蘇伊士時刻"，說美國面臨著"蘇伊士時刻"。

▲ 中國醫療專家組赴意大利抗疫

　　"蘇伊士時刻"這種說法現在聽到的比較多。它有什麼特點呢？就是西方喜歡用一個標誌性的戰爭或者事件來鎖定大國交替的時間。"蘇伊士時刻"指的就是大英帝國在全球事務中失去了既有領導力，不得不讓位於新的世界霸主美國的那個標誌性時刻。西方很多學者把 1956 年的蘇伊士運河戰爭看作美國取代英國的分水嶺事件。英國當時還想繼續打埃及，美國要擴大自己的勢力範圍和影響力，對英國說你必須停火，12 小時內你必須停火，後來英國就只能停火。於是這次事件就變成一個關鍵的轉折點，具有象徵意義。實際上，中國人看問題不是這樣的，面對危機和災難，我們真的是希望能夠一起合作，共克時艱。但西方很多人老從地緣政治角度考慮，認為中國要代替美國，得想辦法扼制。知道這個背景，對我們了解"百年未有之大變局"是非常有幫助的。

　　"百年未有之大變局"最重要的一個表現是西方世界自己發生了混亂。這種混亂，可以從英國脫歐和特朗普總統入主白宮後跟中國搞脫鈎、搞貿易戰，退出各種國際組織和協議等說起，這些做法都是西方自己起來反對已經運行了一百多年的自由主義的國際秩序。西方自己能力下降，控制不住局面以後，就把責任推到外面，好像是我們新興大國讓它受到了傷害。但中國在 2020 年的抗疫中樹立了一個標杆，從某種意義上講，讓西方自己做的時候有了壓力。從這個意義上去體會"蘇伊士時刻"，很有一番味道。美國強的地方，我們要實事求是地看到。但是它在制度方面的困境，以及現在遇到的掣肘，我們看得也很明確。一個國家可以把內外都處理得非常好，對人民來說才是最大的福祉。

　　新冠肺炎疫情在歐美大暴發，民眾對政府應對不力強烈不滿，其中一個原因，就是中國抗疫模式比較成功，跟他們本國政府的不作為形成強烈對比。他們認為，為什麼中國可以做到，而我們西方國家做不到呢？這也使得西方的反華勢力十分惱火，於是就使出了各種造謠誣蔑手段。最離譜的是，據報道，有英國官員說中國疫情的真實數據應該是中國通報的 40倍。我經常講，我們今天看西方媒體對中國的許多報道，最好當笑話來看，不要太在意。

　　現在是網絡世界，專業信息的渠道溝通非常暢通，我看西方專業人士對中國抗疫的評價，總體上還是比較客觀的。在社交媒體上質疑西方主流媒體妖魔化中國的聲音也非常多。我就看到一個網民的調侃，說如果中國的數據是假的，那麻煩了，中國採取這麼嚴格的防控措施，數據還是假的，那西方國家採取如此鬆懈的措施，只能完蛋了；反過來也一樣，如果中國數據都是真的，那也麻煩了，西方現在採取這麼多模仿中國的做法、措施，但落實的過程、落實的程度遠遠不如中國，那麼西方國家什麼時候才能達到疫情拐點呢？

所以這次新冠肺炎疫情的暴發，很像是一場世界大戰，它的敵人不是某一個國家，而是病毒。與前兩次世界大戰相比，這次大戰發展的速度很快，或者說更快，影響的國家和人口更多、更廣，它已經在世界 200 多個國家和地區暴發。它造成的經濟損失可能不亞於前兩次世界大戰，它造成的生命損失，現在還難以準確判斷。《紐約時報》專欄作家弗里德曼把這次新冠肺炎疫情看作是歷史的分水嶺，宣稱今後的世界將分為 "新冠前世界" 和 "新冠後世界"，就像公元前和公元後那樣。基辛格在《華爾街日報》上發表了《新冠病毒大流行將永遠改變世界秩序》一文，把疫情稱為 "前所未有、破壞巨大、全球規模的挑戰"。毫不誇張地說，這是一個歷史關口，我們正在見證人類歷史的大轉折。我們正逢百年未有之大變局，也是百年未有之大機遇，不管我們是否願意，都已經被推到了世界的最前台。

## 變局之下的四大挑戰

這場沒有硝煙的 "世界大戰" 幾乎可以把 "百年未有之大變局" 所涉及的各種問題都濃縮在一起。我認為其中有四個問題值得重視和探討，或者叫 "四大挑戰"。這 "四大挑戰" 分別是：新興大國與守成大國地位變化帶來的挑戰、新工業革命帶來的挑戰、文明衝突帶來的挑戰、制度競爭帶來的挑戰。

和歷史上類似的挑戰相比，今天的這些挑戰顯得更為嚴峻。因為歷史上這四種挑戰中任何一種單獨就可能引發戰爭，或者引發過戰爭，而今天這四種挑戰是疊合在一起的，互相滲透的，所以情況更為複雜。當然，今天的世界與過去的世界有一個最大的不同，那就是中國作為一個文明型國家和社會主義國家的全面崛起，這改變了世界上很多東西。我想，中國應對這些挑戰的理念和舉措，將深刻地影響世界格局的未來演變。

現在我們先談前兩個問題，這都是我個人的思考，一家之言，算是拋磚引玉，希望有更多的人一起來思考這些關係到中國與世界未來的大問題。讓我們首先來看看新興大國與守成大國地位變化帶來的挑戰。大家知道，對這個話題著墨最多的是美國哈佛大學教授格雷厄姆・艾利森，他借用古希臘歷史學家修昔底德對伯羅奔尼撒戰爭的研究，提出過一個結論，說當年雅典城邦崛起，引起了斯巴達城邦的恐懼，結果是戰爭。他通過 16 個案例論證，認為守成大國和新興大國之間存有一種"結構性的矛盾"，其中 12 次爆發或導致了戰爭。

我一直認為，對美國也好，對西方也好，該講的道理一定要講，而且要講得直白，講得清楚。中國是一個具有強烈歷史感的文明型國家，只要比較中西方的歷史發展，你就可以發現兩者有一個重大的差別。歷史上的歐洲，它的大國都是軍事帝國，用武力征服其他國家是他們信仰的一部分。歐洲的崛起一直伴隨著殖民戰爭和其他戰爭，只是在經歷兩次世界大戰後，歐洲國家才開始痛定思痛，走上了和平整合的道路，但即便這樣，它還是沒有放棄對外使用武力欺負弱小國家。

中國沒有西方這種軍國主義的傳統。15 世紀上半葉鄭和下西洋的時候，他的主力艦的排水量百倍於 80 來年後哥倫布發現美洲大陸的"聖瑪利亞號"，但中國沒有對其他國家殖民。這種崇尚和平的傳統和基因一以貫之。我們可以比較一下美國和中國。1890 年前後，美國成了世界最大經濟體，就發動了美西戰爭，佔領了菲律賓和古巴等西班牙的殖民地。相比之下，中國在 2014 年按照購買力平價成為世界最大的經濟體，以中國今天的軍事實力，我們也可以很容易地收復所有被鄰國佔領的南海島礁，但中國沒有這樣做，而是主張通過談判來解決分歧。

作為一個崇尚以和為貴的民族，中國人是從自己近代史上遭受一次又一次的西方入侵中，認識到沒有強大的國防，就會任人宰割，所以才開始了追求民族復興和強大國防的目標，並且取得了巨大的成功。今天中國人對自己的國防能力很有信心，中國不會接受任何國家對中國核心利益的挑戰，中國保持著強大的止戰能力，保持著對美國說"不"的權利。

我一直說，美國人是最承認實力的，所以，我們該展示實力的時候，一定要展示實力。2020 年中國和美國應對新冠肺炎疫情的表現，很大程度上是兩個國家綜合實力和治理能力的同台競爭。中國是遭遇戰，倉促應戰後很快穩定下來，把一手爛牌打成一手好牌。相比之下，美國以逸待勞，坐失良機，打得荒腔走板，一躍成為全球疫情的震中。美國約翰斯·霍普金斯大學統計數據顯示，截至美國東部時間 11 月 3 日 16 時 25 分，美國累計新冠肺炎確診病例達 9358469 例，累計死亡病例 232374 例。24 小時，美國新增確診病例 89573 例，新增死亡病例 1054 例。而中國截至北京時間 11 月 3 日 24 時，累計死亡病例 4634 例。要知道，美國總統特朗普在 3 月底的記者會上是這樣說的：如果最終能夠把死亡人數控制在 10 萬內，就說明我們幹得不錯。這話聽著真讓人毛骨悚然！

就這樣的作戰水平，美國政客還要"甩鍋"中國，連艾利森教授都看不下去了，他在《外交事務》雜誌上發文指出，美國政客把矛頭對準中國，這是逃避現實，"他們試圖逃避為自己的失敗承擔責任"。他認為，不管中美結構性的衝突如何，在戰勝新型冠狀病毒這方面，美國面臨的緊迫挑戰不是中國，而是美國自己未能調動起與這種威脅相匹配的反應能力。他主張中美雙方合作應對這場疫情。他說，中美都應該認識到，彼此都需要對方來擊敗病毒這個致命的敵人。因此，夥伴關係，即使有限的夥伴關係，在戰略上也是必要的。

　　一方面，我同意艾利森教授的這個觀點，認為面對如此嚴重的疫情，中美應該合作。但細看一下，他這句話還是有點問題，他說"彼此都需要對方來擊敗病毒這個致命的敵人"，但今天的事實是，中國幾乎是憑一己之力，遏制住了病毒傳播。而在這個過程中，美國的偏執狂一直是幸災樂禍、落井下石的。現在美國自己成了疫情震中，這是中美關係中的一個巨大變化，這種情況今後估計將在越來越多的領域內發生，這本身也是百年未有之大變局的一部分。

　　在 2020 年 4 月初，美國 93 位前高官，包括克林頓政府時期的國務卿奧爾布賴特和三位前美國駐華大使，發表了一篇聲明，呼籲中美合作抗疫。聲明中說，在中國生產醫療設備的能力、中國醫務工作者的經驗，以及疫苗研發方面，我們可以進行跨國的合作。奧爾布賴特認為雙方有"令人信服的理由進行合作"。"美中兩國如果不展開某種程度的合作，任何抗擊新冠病毒的努力 —— 無論是在國內拯救美國人的生命，還是在國外抗擊這種疾病 —— 都不會取得成功。"與美國現任國務卿蓬佩奧這樣的偏執狂相比，這篇聲明中包含了更多的理性，我覺得這是值得肯定的，而且她也看到了中美雙方的抗疫能力，實際上是不對稱的；她看到了中美兩個大國應該合作應對這場人類社會共同面臨的挑戰。

　　但這篇聲明還是延續了美國人的傲慢與偏見，竟然提出，中國在應對新冠肺炎疫情的問題上還是有不少方面需要負責：最初的隱瞞，持續缺乏透明度，沒能全面與美國和國際醫學機構充分合作，公然發起宣傳運動，將危機的責任轉移到美國等。這樣的指控是中國人斷然不能接受的。在這種認知基礎上是無法進行合作的。

美國要做的首先是深刻反思自己的制度危機，糾正自己防控過程中的各種嚴重失誤和漏洞，否則中國人怎麼幫你也是沒有用的。中國不會像美國那樣，在別人危機的時候落井下石。我們對美國人民蒙受的苦難感同身受，我們也會對美國提供力所能及的人道主義幫助，這是任何國家都應該做的。但兩個國家之間大規模的合作，需要有良好的氛圍，需要把對方看作朋友，而不是敵人，需要尊重對方的核心利益。如果到今天還是盛氣凌人，惹是生非，不斷侵犯中國的核心利益，那誰買你的賬？我們將給予堅決的反擊。

艾利森教授在談"修昔底德陷阱"的時候多次強調，中美之間的矛盾是結構性的，是難以調和的。其實，這沒有什麼了不起，中國發展模式的最大特點就是長於"調結構"——中國是"調結構"的專家。在這方面，我們要做的是進一步全面增強中國的綜合實力，包括軟硬實力，同時讓美國清晰地知道，任何時候都不允許損害中國的核心利益。

下面我再談談新工業革命帶來的挑戰。我們知道，第一次工業革命是以英國人瓦特 1776 年發明蒸汽機為標誌開始的，大機器生產逐漸取代工廠手工業，生產力得到突飛猛進的發展。在第一次工業革命前後，英國通過戰爭手段，為自己打造了一個包括商品、勞力、資本、原材料市場在內的統一的國際市場。由於率先完成工業革命，英國很快成為世界霸主。

第二次工業革命是從 19 世紀下半葉開始，以發電機、內燃機的使用為標誌，資本主義隨之就進入帝國主義階段，先是英國，然後是法國，然後是德國，還有一些其他歐洲國家，很快把整個非洲瓜分完畢。總而言之，前面兩次工業革命，本身都伴隨著殖民主義、帝國主義的血與火、擴張和殺戮。

由於歷史原因，中國錯過了第一次工業革命和第二次工業革命。改革開放前的 30 年，我們艱苦奮鬥、篳路藍縷，為中國崛起奠定了基礎，包括政治制度的基礎，包括比較完整的工業體系基礎、獨立的國防體系基礎、獨立的科技體系基礎，還包括土地改革、婦女解放、教育普及、基本醫療等社會基礎，為中國崛起創造了條件。然後從改革開放以來，我們幾乎是以每十來年完成一場工業革命的速度，一路追趕過來。

從 20 世紀 80 年代到 90 年代初的十來年，我們通過大力發展鄉鎮企業，完成了以紡織業為主的第一次工業革命。從 20 世紀 90 年代初到 21 世紀初的十來年，我們大致完成了以電力、內燃機、石化工業和中高端基礎設施為主的第二次工業革命。然後，與西方幾乎同步地進入了以信息化和通信產業為代表的第三次工業革命。起初是追趕，然後是逆襲，現在已經成為第三次工業革命的佼佼者。今天世界正處在從第三次工業革命到第四次工業革命的轉折期，以大數據、人工智能、量子通信等為代表的第四次工業革命將極大地改變人類生活和運作的方式。應該說，中國已經進入這場新工業革命的"第一方陣"，而這一切都是在和平中實現的，這是世界近代史上的一個奇蹟。

新工業革命帶來的新陳代謝和激烈競爭前所未有，同處在第四次工業革命第一方陣的中國和美國，是否會發生衝突和戰爭？我認為，局部衝突不能完全排除，但中美兩個大國都是核大國，它們之間發生全面戰爭的概率是很小的。此外，中美兩國有許多深度的利益交融，我相信中美兩個國家最終會找出一條合作共贏的道路，但這需要經過鬥爭。

現在美國對中國華為公司的圍剿就是一個例子。他們把 5G "控制權"的競爭看作是新的"軍備競賽"，認為誰控制了 5G，誰就能在經濟、軍事和情報上領先他人。所以過去這一兩年裏，美國一直在全力阻止其歐洲盟國和其他國家使用華為設備，但未能奏效。現在美國又想採用更為極端的措施來阻止華為的成功。但他們的舉措激起中國人民更大的義憤，最終將是搬起石頭砸自己的腳。中國是世界最大的消費市場、世界最大的投資市場，也是率先走出疫情的最大經濟體，中國有能力應對美國反華勢力的挑戰。在新工業革命中，美國想孤立中國，我估計更可能的後果是它最終孤立了自己。

除了中美因素之外，新工業革命本身也帶來許多挑戰，人工智能、生命科學、量子計算、無人化等日新月異，跨界融合、質變突破，在造福民生的同時，也潛藏了很多問題，包括失業問題、安全問題、倫理問題等各種風險，人類社會傳統的生產與生活方式面臨顛覆性的衝擊。隨著人工智能技術的加速發展，致命性的自主武器系統的研發也在加速推進，是否會被恐怖分子利用等，都是我們擔心的問題。基因編輯技術也有被濫用而失控的危險。此外，利用深度學習算法的這種 "深度偽造" 技術也在衝擊各國及全球的信用體系。這些都是人類社會面臨的新的挑戰。

## 中國成果背後的價值觀

在這次疫情防控中，5G、AI 算法，還有中國整體信息化的水平，都發揮了非常重要的作用，展示了中國擁抱新工業革命的巨大成果。這些成果的背後，是中國作為文明型國家和社會主義國家所特有的一些理念。

一是 "以人民為中心" 的民本思想。與西方把許多高新技術，特別是互聯網都政治化的做法截然不同，中國 "以人民為中心" 這種理念，使新工業革命獲得了世界最大最廣最深的應用市場，使人民具有巨大的獲得感，使企業獲得無限的商機。

二是我們與時俱進的文化基因，我們"苟日新，日日新，又日新"的千年古訓。我們以信息文明的眼光來看待信息文明，而不是以傳統工業文明的眼光來看待信息文明。我們認為信息文明是不可阻擋的歷史大潮，我們要順勢而為，趨利避害，在發展的過程中解決可能出現的各種問題。

三是構建人類命運共同體的理念，讓新工業革命和高新技術為整個人類服務，而不是為少數利益集團服務。例如，在 2020 年抗擊新冠肺炎疫情的戰鬥中，世衛組織專家高度肯定中國科學家及時與各國分享病毒基因測序等大量信息和知識，認為這是國際社會團結一致抗疫的一個重要的部分。

大家千萬不要小看理念的意義，中國人做事情講"道"，講"正道"，講"大道至簡"。"道"這個字三千多年前就有了，這是中國人的偉大智慧。"道"是一個更高的、更綜合的概念，它的載體是理念，它是管"術"的，它可以把不同的"術"串在一起，打出完美的組合拳。

在這之前我們就談到，一場疫情"世界大戰"襲來，讓那個表面看來挺"高大上"的 2019 年《全球衛生安全指數》成了國際笑話。在它上面排名最高的美國等西方國家一仗打回原形，而中國卻脫穎而出。它這樣的指標只會數"術"，而且帶有偏見，不懂中國人講的"道"。在這次戰"疫"中，我們的"道"就是"人民的生命高於一切"。在這種理念指導下的整個戰"疫"，讓西方很多人看得眼花繚亂，目瞪口呆，想學都學不會。

習近平主席談到我們疫情防控的成績時說，用一個多月的時間初步遏制了疫情蔓延勢頭，用兩個月左右的時間將本土每日新增病例控制在個位數以內，用三個月左右的時間取得了武漢保衛戰、湖北保衛戰的決定性成果。對我們這樣一個擁有 14 億人口的大國來說，這樣的成績來之不易。

無疑，這確實是一份震撼世界的成績單。能取得這樣的成績，其中一個重要原因，是無數普普通通中國人的美好表現，這些表現體現了中國人所信奉的非常寶貴的價值觀。

然而西方一些國家面對疫情潰敗，極大禍害了本國人民，仍然以西方價值觀為由，指責中國的應對模式侵犯人權，侵犯個人自由。就這個意義而言，我覺得從中國人這次戰 "疫" 所體現的品格中，提煉出一些對全人類具有普遍意義的價值，很有必要。不僅可以極大增強中國人民的價值觀自信和文化自信，而且也可以為人類普遍價值做出中國人的貢獻，同時形成對西方價值的壓倒優勢，形成一種價值觀上的心勝。

第一，這次抗疫中，我們提出的 "生命至上" "人民的生命高於一切" 就可以成為普遍價值。通過中西方應對模式的對比，我們才發現，原來天天高喊人權和 "普世價值" 的那些西方國家，居然沒有中國人人都懂的 "人命關天" 的理念，居然不認同 "人民的生命高於一切"。我們不惜成本地搶救每一個生命，這是最感人的，也是最令我們國人感到自豪的。

疫情防控中，最令國人以及很多外國人感到震驚的是很多西方國家對老年人生命的漠視和一些國家提出的所謂 "群體免疫" 的概念。這些國家中，有的地方要求老年公民簽署放棄治療的同意書，有的醫院根據年齡、是否有基礎性疾病等狀況打分，來決定是否進行搶救。養老院死亡人數在一些西方國家佔到死亡人數的三分之一，甚至更多。更有國家在相當長的時間內，根本不統計養老院的死亡人數。所以，俄羅斯《新觀點報》2020年4月15日發表文章說：這些西方國家急速退回到真正的中世紀，這不光是指駭人聽聞的醫療救助質量的問題，還是指倫理道德規範的問題。

中國文化敬天愛人，尊道貴德。中國傳統倫理價值觀以家庭為本位，而非西方以個人為本位。中國人重視親情，和睦、孝道文化，源遠流長。

中國人的生命觀是整體性的，每個人都有童年、青年、老年，如何對待生命、如何對待老人，就是如何對待自己、如何對待自己未來的生命。早在兩千多年前，儒家經典《禮記·禮運篇》中就提出：“人不獨親其親，不獨子其子，使老有所終，壯有所用，幼有所長，鰥寡孤獨廢疾者皆有所養。”用今天的白話講，就是人不只是敬愛自己的父母，不只是疼愛自己的子女，要使老年人能終其天年、中年人能為社會效力、兒童能健康成長，使失去配偶的老人，使幼年喪父的孩子，使老而無子的個人，使身有殘疾的人都能得到供養。我們以人民為中心的發展理念，要求人人都能過上比較美滿幸福的生活，這是古人和今人的共同理想，也是中華文明血脈五千年生生不息的一個主要原因。

在這次疫情防控中，中國人的這些價值觀與西方國家的商業利益優先、社會達爾文主義、毫無人性可言的“群體免疫”理念，以及放棄老人救治的做法，形成鮮明對比。無數中國人切切實實地感受到，生活在這個最尊重生命的國家，是多麼幸運。對整個世界來說，還有比這更好的人權教育嗎？連生命權都不尊重的國家，還有資格給中國上人權課？此次抗疫，中國民眾都獲得一種久違的價值優越感，使中國自信和文化自信獲得一種新的境界。

第二，在抗疫中，中國人民展示出的眾志成城的團結精神，感動了無數中國人和外國人。我們再次發現，一旦國難當頭，中國人“眾志成城，共赴國難”的價值觀，早已內化在我們的血液中。我們使用最多的詞語是“逆行者”，四萬多醫護人員在第一時間奔赴疫區，招之即來，來之能戰，戰之能勝。這是其他國家很難做到的。一是因為他們往往只有“一方”，沒有“八方”；二是因為他們一般沒有類似中華民族團結精神這種家國情懷。

　　我的好朋友、英國學者馬丁·雅克說，中國人的團結發自內心，是骨子裏的一種精神。我特別想提及這次戰“疫”中，年輕人所展現出來的那種“國家有難，衝上去”的家國情懷。這次“逆行”的醫護人員中有近一半是“90後”，他們的青春在“戰疫”中綻放。整個疫情防控期間，我在上海。我說過很多次，今天的上海是一個比紐約更現代、更發達、更普遍富裕的城市。但國家遇到劫難的時候，我們的年輕一代照樣第一時間衝上去。在一個開始普遍富裕起來的社會，年輕人還有這種眾志成城的團結精神，還有一種為了他人可以衝上去的精神，令人感動至極。

　　相比之下，許多其他國家，特別是西方國家，其社會是分裂的——黨爭不斷；民眾不相信政府，政府不關心人民；個人權利至上，人人只顧自己，當然整個社會為此付出了沉重的代價。我們也看不到西方國家之間，以及西方國家內部之間的團結精神。美國已經成了世界上疫情最嚴重的國家，但是聯邦政府和州政府之間的關係越來越緊張，各州州長抱怨採購的醫療物資被聯邦政府劫走。在馬薩諸塞州，政府負責人撥款為醫護人員提供大量個人防護設備，但就在物資即將抵達時，被聯邦政府截留。這樣的國家要人民團結起來共同抗疫，怎麼可能？所以中國人的團結精神，也賦予我們價值優越感。

　　第三，中國人展現出了責任心。中國人對家人、對他人、對社會、對國家、對世界，都有絕大多數西方人難以企及的責任感。在西方社會，不要說十幾億人，哪怕要讓一個小區的人宅在家裏或者戴上口罩，都是相當不容易的，因為個人權利至上的文化已經深入他們的骨髓。西方自由民主主義的核心概念，也就是所謂普世價值的自由觀，這次受到了嚴峻的挑戰。當疫情在中國暴發的時候，西方政府和媒體都對中國採取的“限制外出”“封城”等管控措施橫加抨擊，認為“違反人權，侵犯個人自由”。

當新冠肺炎疫情在西方蔓延，造成重大代價後，西方政府也不得不推行類似中國的管控措施時，很多西方民眾依然以"人權自由"的名義，譴責他們政府頒佈的舉措，並繼續行使個人自由的權利，自由外出，自由聚會。一些所謂的公民社會組織以人權自由的名義，抗議政府要求佩戴口罩的命令。傳說中的西方公民社會的自治能力，顯然違背了多數公眾的利益。

西方思想界雖然多數人還是固守自由主義，但也有人開始質疑過度的"自由"了。《紐約時報》專欄作家托馬斯·弗里德曼就說，世界上應對新冠肺炎疫情可以分為兩種情況，一種是"嚴厲社會"，一種是"鬆散社會"，"嚴厲社會"應對疫情的效果，大大好於"鬆散社會"，"只有嚴格的規則和秩序才能拯救生命"。他認為"鬆散社會"似乎有更多的自由，但應對災難的表現實在不佳，導致大眾利益受損。所以他呼籲美國，要從"寬鬆"變成"嚴厲"，要對"寬鬆"的程序設定做出巨大的修改。"越是讓我們的文化變嚴厲，越是讓人們的錢袋子變寬鬆，我們的社會在'新元後'才會變得越強大、越友好。"他希望這場疫情大流行能夠"徹底改變美國的文化或政治"。

確實，新冠肺炎疫情挑戰了人類的健康，同時也挑戰了人類的政治制度和文化理念。在這場挑戰中，西方最引以為自豪的自由主義，從理念，到文化，到制度安排，到實踐，都受到嚴峻挑戰。

中國人崇尚自由和自律的統一、權利和責任的統一。這種重視責任的價值觀，既是中國文化傳統的延續，也是一種非常具有真正現代意義的精神。中國人尊重自己，也尊重他人，尊重生命，尊重科學。經過這次劫難後，我希望西方有識之士能夠反省西方文化中許多極端化的傾向。從中國人的視角來看，個人權利至上的文化將無法適應未來社會的挑戰。

第四，這次抗疫中，人類命運共同體作為一種價值觀，得到了比較好的體現，某種意義上，這是中國人責任價值觀在國際交往中的體現。全球蔓延的疫情，以一種突如其來、更為直觀的方式，讓人們更加真實地感受到了各國命運休戚與共，緊密相連。疫情是人類共同的災難，國際社會本就應該團結一致，共同應對。各國秉持人類命運共同體理念，一起來進行全球的合作抗疫，才是人間正道。但一些西方國家，特別是美國，不願意承擔國際責任，只想著美國優先，最後又退出世界衛生組織。自己戰"疫"潰敗，絲毫不反省自己的責任，而是急著"甩鍋"，"甩鍋"中國，"甩鍋"世衛組織，"甩鍋"媒體，"甩鍋"各州州長，這樣的治國理政水平不走衰也難。其實回頭看，如果美國能夠按照世衛組織的要求去做，疫情防控不會如此之潰敗；如果能夠按照中國標準去做，就可以做得更好。病毒沒有國界，不分種族，是全人類面臨的共同挑戰，國際社會只有形成合力，才能戰而勝之。

過去我們講"構建人類命運共同體"，指的是我們要有一種努力的自覺，大家一起推動建立一個人類命運共同體。但這次疫情襲來，我們突然發覺，這個"人類命運共同體"或者說是某種"命運共同體"，已經變成一種客觀的存在，一種自在的存在。習近平總書記在 2020 年 3 月 12 日同聯合國秘書長古特雷斯通電話的時候講了這麼一番話，他說："新冠肺炎疫情的發生再次表明，人類是一個休戚與共的命運共同體。在經濟全球化時代，這樣的重大突發事件不會是最後一次，各種傳統安全和非傳統安全問題，還會不斷帶來新的考驗。國際社會必須樹立人類命運共同體意識，守望相助，攜手應對風險挑戰，共建美好地球家園。"我認為"命運共同體"這種自在的存在感，可以成為我們構建人類命運共同體的一個寶貴基礎。從長遠的歷史發展趨勢來看，各國形成某種利益共同體、責任共同體，最終建立人類命運共同體，可能是一個正確的選擇，是人間正道。

第五，這次抗疫過程中，"以人民為中心的現代性"在中國得到充分體現。可以說中國人從"以人民為中心"的理念出發，擁抱新工業革命，擁抱信息文明，某種意義上正在重新界定什麼叫現代性。大家知道，在過去，現代性一直是西方的專利和特權，但隨著中國模式得到越來越多的國際肯定，新的現代性開始湧現。5G、AI算法、基因技術、整體信息化水平等，在中國都發揮了特別重要的作用。在這次全球最大規模的宅生活、宅工作中，中國人的體驗完勝所有西方國家，而背後的原因就是中國這些年社會生活基礎設施的整體信息化水平領先世界。中國是世界上唯一做到"一部手機，全部搞定"的國家。

"以人民為中心"，源於中國傳統的民本思想，源於中國社會主義制度的本質特徵。我們從絕大多數人民的利益出發，以信息文明的眼光來看待信息文明，而不是像許多西方國家那樣，以工業文明的眼光來看待信息文明，我們認為信息文明是不可阻擋的歷史大潮，我們需要順勢而為，趨利避害，在發展的過程中解決可能出現的各種問題，讓工業革命最大限度地服務於人民。

世衛組織此次高度肯定中國的抗疫經驗，認為我們創造了世界抗疫的新標準，這本身也隱含了對中國價值觀的肯定。

一個21世紀的現代國家，它的政治制度，就是要具有迅速反應的能力、領導指揮的能力、綜合協調的能力、社會動員的能力，否則它的國民就無法享受真正的、完整的自由和人權。同樣，一個21世紀的現代國家，它信奉的價值觀就應該包括"人的生命高於一切"，就應該是精誠團結、自由與自律的平衡，就應該相信人類命運共同體，相信"以人民為中心的現代性"，等等，否則就很難被看作是一個真正意義的現代國家。

中國已經和世界融為一體。我們向世界介紹中國，不能滿足於各種分散的中國元素，如功夫、旗袍、綠茶、茉莉花等。這些很重要，但是不能分散地去談論，我們要更注重整體的、深層次的、精神層面的、具有普遍意義的東西，特別是我們崇尚的一些價值觀。

我講過，中國人民在抗疫過程中體現出來的這些價值觀，彌足珍貴。這些價值觀背後都有源遠流長的中華文化基因和強大的現代意義。我想它對整個人類精神文明來說，都是寶貴的貢獻。這些中國人的價值觀非常有利於我們擺脫長期以來許多西方價值觀對國人的影響，解構西方所謂的道德優越感和價值觀優越感，形成自己道德上的一種心勝，使我們不只是平視西方價值觀，某種意義上還可以俯視西方價值觀。這不是傲慢，而是實事求是。我們發自內心地認為，中國人這些價值觀比西方人崇尚的許多價值觀，更具有人性，更符合人類的整體利益。

為了便於對外交流，我所講的這五種價值觀，也可以用一些英文關鍵詞來提煉一下。比方說，"生命至上"可以用英文"life"一詞來提煉，"團結精神"可以用"unity"，"責任心"可以用"responsibility"，"命運共同體"可以用"one human community"，"以人民為中心的現代性"則是"people-centered modernity"。

中國人的敘事應該進入理念層次，文化精神作品要文以載道。這些中國價值觀及其對人類的普遍意義，可以打動我們自己，也可以打動世界上很多人，成為中華文明對人類文明的寶貴貢獻。當然，體現這些價值的文化產品和精神產品，一定要做得有品位，有溫度，有國際視野，唯有如此才能達到比較好的效果。

我還有一種感覺，中國的這種心勝，很像是一次偉大的思想解放運動，就像 1978 年關於"實踐是檢驗真理的唯一標準"的討論，使我們擺脫了教條主義的束縛，開啟了改革開放的大潮；就像 1992 年確立的"社會主義市場經濟"使我們擺脫了發展理念上的緊箍咒，極大地解放了中國的生產力。今天中國人民通過戰"疫"而獲得的心勝，使西方世界、西方模式、西方話語在大多數國人心中走下了神壇，所以這場偉大的思想解放必將有力地推進中華民族走向世界經濟和政治舞台的中央。我曾引用過俄羅斯學者的話，大意是我們作為一個國家單獨承擔了大的損失和犧牲，但我相信這種犧牲付出，全世界是看在眼裏的。在這次疫情引發的大變局中，我們中國以超強的意志和決心承擔了損失和犧牲，顯示了作為大國的責任感。所以我覺得，在經歷過 2020 年病毒的挑戰和中國的勝利之後，中國模式和中國道路在世界上的威信、影響力會更高，中國的朋友會更多。

在戰略層面，我們可以看出，現在也是西方整體實力走衰最快的時候，也是西方最不自信的時候。習近平主席在 2019 年曾經指出："以西方國家為主導的全球治理體系出現變革跡象，但爭奪全球治理和國際規則制定主導權的較量十分激烈。"回望過去，毛澤東主席在中華民族走向解放的關鍵時刻，從戰略層面提出了"兩種中國之命運"，今天，我認為我們有必要前瞻性地思考"兩種世界之命運"，一種是只有利於少數國家、資本力量的世界及其制度安排，這個特點是零和遊戲、極度自私和霸權主義，另一種是有利於最大多數國家和人民的世界及其制度安排，特點是以人民為中心，以人類命運共同體為方向，實現最大限度、最大程度的合作共贏。我們應該把握住這百年未有的大機遇，團結一切可以團結的力量，包括西方社會的積極力量，為後一種世界和世界秩序而奮鬥。我們中國人今天的思考和抉擇會影響整個世界的未來。

## 對話與討論：中國在全球治理中的態度

中国移动　　　　　　　4G ⸜ⁱⁱ 81% ▭ 下午3:47

< 對方正在輸入…　　　　　　…

**?** 十九屆四中全會提出，中國將會積極地參與到世界治理的改革和建設當中。我們將以什麼樣的狀態，在命運共同體這個命題下，積極參與全球治理？

就我自己的觀察，實際上中國現在在多邊外交、國際組織外交方面，已經是前所未有的活躍，我覺得這個非常好。但還有一塊我們真的可以做得更好，就是創建新的國際組織，而且可以考慮把總部建在中國。這可以是一個新的增長點，現在很多領域內，我們是領先世界的。比如説電子商務，我們遠遠地走在西方的前面；再比如基礎設施，"一帶一路"證明了中國龐大的基建能力。其中很多新的規則，世界上是沒有的。這次世衛組織總幹事譚德塞反覆地講，中國的經驗實際上創造了一種新的標準。所以這也是諮政建言，我們可以考慮在中國建一些新的國際組織。
實際上世界上很多國家，希望國際組織建在中國。聯合國總部就有人對我説，

中国移动　　　　　　　4G 81% 下午3:47

< 對方正在輸入...　　　　　　　　...

我們搬到中國去吧，美國老是使壞，這個人不給簽證，那個人不能來。一位聯合國官員跟我開玩笑地說，如果特朗普再幹四年，說不定美國真要退出聯合國，到時候中國要考慮接手呀。

[?] 我今年 11 歲，上小學四年級，我想問張教授您的偶像是誰？

我還真沒想到會被問到這個問題。因為人往往是在非常年輕的時候特別容易有偶像，而我們年輕的時候跟現在完全不一樣。如果我真的要講一個的話，那就是周恩來，他當時是全民偶像。那時候提起"總理"兩個字，指的就是周恩來。總理日理萬機，超負荷工作，這也是他後來身體垮下來的原因之一。他去世的時候，我在上海的工廠，當時整個工廠，整個街道，乃至於公共汽車上，大家都在哭。那時大家真的覺得，國家大廈將傾，好像真的要出大問題，一下子擔憂國家命運將會怎麼樣，這是我切身經歷過的。總理確實有超凡的人格魅力。
周總理是個堅定的共產主義者，是個為理

中国移动　　　　　　　4G .ill 81% ▭ 下午3:47

<　對方正在輸入...　　　　　　　...

想奮不顧身、出生入死的鬥士，同時他又具有超級成熟的心智，這是我非常敬佩的。當年的美國乒乓球隊來北京人民大會堂，周恩來總理接見。乒乓球隊員中有一個是當時的嬉皮士，他就問總理怎麼看待嬉皮士。那個時候國內還非常封閉，這個問題聽起來太"潮"了。總理回答得很有水平，大概是說，作為年輕人，我們都是這樣過來的，會嘗試各種各樣新鮮的東西，但是記住一條，要貼近人民，祝你天天進步！就這樣一個富有哲理的回答，非常令人折服。

# 在中國崛起的關鍵時刻，我們要話語糾偏

"中國人，你要自信。""一出國，就愛國。"這兩句話，要是放在十年前，恐怕還會有人嗤之以鼻。然而十年之後，這兩句話成了很多人的口頭禪。這背後都有一句潛台詞：祖國強大了。最早說出這兩句話的，是現任復旦大學中國研究院院長張維為教授。

從擔任鄧小平翻譯，到出國讀書，從東方到西方，張維為教授用自己的親身經歷，比較中西政治制度，探索中國模式的新表達，"呼籲中國人要自信，論證中國崛起的背後是五千年偉大文明，強調中國模式可與西方模式競爭"。

2019 年新中國成立 70 週年時，觀察者網推出 "70 週年‧愛上中國"系列報道，專訪了張維為教授。

（以下是觀察者網刊發的訪談記錄，作為本書的代後記。）

# 站在海外，重新認識中國

**觀察者網**：張老師您好，雖然觀察者網讀者對您已經非常熟悉了，但首先還是想請您聊聊自己當年出國時的狀況，比如您個人的生活狀況、社會環境等。您當時出去是有什麼機遇嗎？出國後最大的震撼是什麼？

**張維為**：我出國主要分成兩部分。第一部分是我在唸書，然後到外交部工作，以國內為基地的出國；第二部分是我到國外唸書工作，以國外為基地，走訪其他國家。我第一次出國是 1983 年，去泰國曼谷，到了那裏我就震驚了，曼谷竟然可以這麼發達。因為這對我們而言是很開眼的事，第一次看到超市，第一次看到高速公路，第一次看到商店能開到晚上九點。要知道當時北京最漂亮的商店是友誼商店，只有外賓可以進去買東西；還有一個很好的商店是王府井的工藝美術商店，現在還在。但到了曼谷後發現，這樣的購物商場太多了。當時的直覺是曼谷比北京、上海領先二十年。我可以想象，1978 年鄧小平接連出訪泰國、馬來西亞、新加坡、日本等國，一個比一個發達，這種震撼是中國擁抱改革開放的主要動力。跟國際比較，我們明顯在現代化方面落伍了，必須奮發圖強。

我在 1988 年離開外交部出國。當時聯合國給了我一個合同，讓我到聯合國歐洲總部日內瓦做口譯，但我自己的想法是能去唸書，所以到了那邊之後我就申請日內瓦大學國際問題高級研究院，並通過了考試，1988 年 10 月入學讀碩士、博士。

從 1983 年夏天進外交部翻譯室，開始給黨和國家領導人做翻譯，到

1988 年離開，我在外交部工作將近五年，走了近 30 個國家。到了歐洲後，我就想，能不能走到 100 個，爭取每年都有機會出去走走，比如到某地開會也好旅遊也好，就順便走一兩個國家。這樣慢慢積累，到 2006 年我就走了 100 多個國家。

觀察者網：您到瑞士唸書的經歷，跟之前外交部的工作還是很不一樣，到了歐洲，個人的感受應該也有所不同吧？

張維為：歐洲當然比泰國更加發達，那時我就在想什麼時候中國才能趕上。但現在中國人到歐洲去看看，也就這麼回事了，很多地方我們比他們更發達，特別是硬件、基礎設施之類。我在外交部做翻譯時，可以說正好是改革開放的黃金年代，每天都有很多新的創意、新的政策措施；給領導人做翻譯時，他們談的也都是改革開放，話題比例恐怕要佔到一半以上，還有一半可能就是外交政策等。所以我對很多問題都特別感興趣，利用讀碩和讀博這段時間認認真真思考。現在回頭看，這就是在研究中國道路和中國模式了，但當時沒有想到這麼多。我把 1978 年改革開放開始到我 1994 年博士論文做完的這段期間，中國發生的大事件梳理一遍，包括發生了什麼重大事件，意識形態領域內狀況如何，主要採取什麼政策，哪些方面回頭看是對的，哪些方面則是出了問題的。從這個角度而言，我很早就談中國模式、中國形成了自己的一整套做法和思路。

觀察者網：您在瑞士讀書時期，正好是改革開放的活躍期，站在國外回望中國時，有什麼事情對您觸動特別大，讓您意識到國家的變化，想要回國或是重新認識中國？

張維為：回想 20 世紀 80 年代，我的整體感受就是中國活起來了，當時民間有個說法叫"十億人民九億商,還有一億跑單幫"。過去因為"文革"的壓抑,人們不能賺錢,賺錢是錯誤的事情。而那時人們突然發現,只要通過自己誠實的勞動,哪怕沒日沒夜幹活都沒人阻攔,雖然給人一種到處都比較亂的感覺,但社會氛圍非常活躍。

就我個人來講,印象比較深的就是上海的變化,因為我每年都會回來看看。鄧小平在 1991 年說"一年一個樣,三年大變樣",我真的親眼見證了上海翻天覆地的變化。20 世紀 90 年代初又正好趕上我做博士論文,所以我對鄧小平的講話和思路進行了非常透徹的研究,我覺得這條路是走得通的。另一方面,我當時已經走了五六十個國家,很多是發展中國家,也有一些西方國家,比較下來發覺中國模式雖然不是十全十美,但經得起國際比較,我們的進步大且快。

觀察者網:能分享一些具體事例嗎?

**張維為**:我可以跟你講一個例子,雖然不是我本人,但跟我的經歷一模一樣。當時日內瓦大學亞洲研究中心的秘書是一位比利時女士,她陪日內瓦的一個樂團到上海等幾個中國城市巡演。回來後,她手舞足蹈地做手勢跟我形容上海的變化,說太厲害,從來沒有見過這樣的發展,簡直無法用語言來形容。那會兒上海正在建立高架,有的已經造好了,車子在上面開,整個城市非常立體化,相比之下歐洲是不變的。我三十年前去瑞士日內瓦,那時的地圖到今天還可以用,沒有什麼變化,但上海乃至整個中國的變化是不得了,像復旦大學的規模已經是過去的三到四倍,變化太大了,這些都是可以感受到的。我曾舉過一個例子,從 20 世紀 90 年代至今,中國越來越亮。過去在西方時,發現這些國家都好亮,城市燈光很炫,但現在全世界最亮的大概是中國。

**觀察者網**：20 世紀 90 年代初，中央決定對上海浦東開發開放，這件大事的最終拍板肯定離不開鄧小平。您過去做過鄧小平的翻譯，又親身經歷浦東開發的整個過程，您有些什麼感觸？

**張維為**：我最後給鄧小平做翻譯是 1987 年，浦東開發是 1990 年。我沒有親眼見證這一重大決定，但對於他的思路，我有一些了解，也蠻有感觸。鄧小平最後一次到上海是 1994 年春節，後來就沒來過了。那時新錦江飯店建成不久，他登上錦江飯店樓頂的旋轉餐廳，看到上海翻天覆地的變化，他說上海變了，非常高興。從 1991 年提出 "一年一個樣，三年大變樣" 到 1994 年，正好三年，看到了上海的大變樣，燈光燦爛，當然現在就更不一樣了。

鄧小平過去說過，如果改革開放中有什麼失誤的話，那就是上海開放晚了。這是可以理解的，因為在研究中國如何改革開放的進程中，大家都知道改革開放是有風險的，所以鄧小平最初決定先在相對邊緣的地方搞特區，比如深圳，即使出了問題也不會有太大影響。但上海是中國經濟重鎮，對國家財政的貢獻大概高達五分之一，誰都擔心萬一出問題怎麼辦。所以，鄧小平後來說，上海如果能更早一點開放會更好。但他也講，晚開放有晚開放的好處，可以汲取別人的教訓，做得更好。浦東經驗是非常成功的，我們稱之為 "浦東模式"。浦東模式的經典之處是一張藍圖繪到底。迄今為止上海市政府換了這麼多屆，但這張藍圖沒有任何變化，只是往深探索，整個發展規劃早已做好了。這是中國成功的經典案例。

## "敵視人民共和國的力量越過'三八線', 我們要管"

**觀察者網**：確實，這跟您過去經常提到的中國政府的穩定性、制定長期規劃並有效執行的觀點很符合。那麼，您在歐洲學習生活這麼多年，最後選擇回到國內是出於什麼原因？

**張維為**：我是一直想回來的，雖然在歐洲我生活得很好。我一直看好上海，上海毫無疑問是一個世界級城市，這一點我從來沒有懷疑過。我當時見過上海老市長汪道涵，我有段時間做兩岸關係，去台灣的次數比較多，回來後跟他聊過。他也跟我講起當年鄧小平對浦東開發的一些設想，我印象非常深。

我最終完全回上海定居是受到一些具體事情的觸動，說起來和觀察者網也有關係。如果沒記錯的話是 2010 年 4 月，在這之前我已經出了一本書《中國觸動全球》，這本書初版做得並不是很好，但該看的人都看到了，包括現在大家熟悉的我們核心團隊的成員，但那時我們之間還不認識。他們給我發邀請函說，張老師能不能到春秋研究院來做一次演講？於是我就來了，也就認識了現在一起做事的核心團隊。

當時我講了一個觀點，我認為中國崛起是一個精彩的故事，但隨著互聯網的興起，網上幾乎都是罵自己國家、罵中國模式的聲音，令人擔心至極。我覺得這是要出大問題的。有感於此，我講了一個故事。我說，今年是 2010 年，是抗美援朝六十週年，當年周恩來總理跟印度大使有過一次談話。當時中美沒有外交關係，所以周總理請印度大使轉告美國，如果美軍越過三八線，我們要管。這句話擲地有聲，印度大使後來還將此寫在回憶錄中。

我當時說，我個人認為敵視人民共和國的力量已經越過了"三八線"，我們要管，否則要出大問題。在座的另一位學者（他現在也是我們核心團隊的成員之一）說，張老師，你的判斷是對的，但我們在國內感覺這個狀況比你講得還要嚴重，不是越過"三八線"，而是已經打到"鴨綠江"邊了。總之，當晚我們就一起吃飯一起商量，決定要做事情，要寫書、辦網站、辦刊物，要通過自己的資源和力量來糾偏，完全是民間力量，沒有任何官方指示。接著我就從歐洲回來了，另外還有從美國回來的、從新西蘭回來的、從新加坡回來的，大家一起聚到上海做事情。慢慢地，刊物、著作、網站、視頻等都做起來了，影響也越來越大。

我覺得一批有擔當、有學識、真正做事業的人，在中國崛起的關鍵時刻，發出了自己應該發出的聲音，總體看來還是起了一點積極作用的。我們最早提出了"中國人，你要自信"，我們反覆論證講中國崛起的背後是五千年的偉大文明，我們一直說中國模式雖有不足，但可以和美國模式競爭，一點都無須害怕。

2011 年，春秋研究院組織我和福山的辯論。你可以去回看一下當時的現場視頻，一半人支持我，一半人反對我，支持福山，對立情緒非常厲害。我一講完，一部分人為我鼓掌；福山講完，另一部分人為他鼓掌。現在八九年過去了，現實證明我們對中國大勢、世界大勢的判斷比西方學者更為準確，我覺得這是好事。前面提到的這段經歷我過去沒有公開說過。

**觀察者網**：所以其實讓您決定回國定居，跟當時國內的整體形勢是有關係的。

張維為：有一個情況是，我突然發覺，過去一直以英文寫作為主雖然也產生影響，但用中文寫作時受眾多百倍不止。我還在日內瓦時開了一個博客，把《中國觸動全球》中的一篇《別了，南斯拉夫》放到博客上，是我走訪南斯拉夫的整體觀感和思考。沒幾天，文章跟帖就達到三四千，這種影響在國外是不可能的。我感覺到要近距離跟讀者互動、討論。當然，關鍵是這一批人，大家都覺得這個時候應該回國做事。

## 浦東模式是中國成功的經典案例

觀察者網：您前面提到不少在上海的經歷，您出生在上海，對這座城市經歷的變革是否有著更特殊的看法？如今站在新中國成立 70 週年之際，您最想對其訴諸的情感是什麼？之前一個有意思的說法是，您主講的《這就是中國》這檔節目敲定在上海東方衛視錄製，後來央視也找過您，但您最後還是決定留在上海，這是否有什麼考慮？

張維為：《這就是中國》的節目是東方衛視主動來找我，我過去在央視也做過一些節目。毫無疑問，這兩個平台都非常好，如果說有什麼差別的話，東方衛視作為地方衛視，總體上靈活性更大一點，比如在東方衛視我們可以調侃一下印度、調侃一下特朗普，但在央視就很難做。所以我決定做這個節目。當時我說，最後由誰來拍板，這個最關鍵，拍板的人要認同中國道路、中國模式、中國理念、中國話語。東方衛視對此做了安排。做節目有時也要磨合，這很自然。有些觀點大家會有爭議，但關鍵是我們堅持一個很重要的原則，就是講真話。我們堅持真實的觀眾、真實的問題、原創性的話語、原創性的形式，最後效果非常好。

觀察者網和讀者都理解，這是一個快速變化的時代，人們有很多困惑、很多問題，就像這幾個月的香港問題，前兩天沙特油井遭無人機轟炸，中美貿易戰持續一年有餘等各種各樣的問題。這些問題影響著每個人的生活，普通老百姓困惑，年輕人困惑，甚至黨政幹部也有困惑，所以我們覺得要把自己的研究、真正的思考拿出來跟大家分享。我想，我們這個做法是對的，我們的方法是打話語組合拳 —— 學術話語、大眾話語與國際話語的組合拳。這跟官方話語不完全一樣，官方話語很重要，但因為西方話語對中國的圍剿包括學術話語、大眾話語和國際話語，所以我們必須也要有對應，這樣才能很好地傳播。我們做了嘗試，觀察者網其實也是如此，是三種話語的組合拳，讀者就喜歡看。顯然這個嘗試是成功的。

**觀察者網**：今天我們談論新中國成立 70 週年肯定脫離不了上海。上海是一個非常有意思的地方，正如前面提到的為什麼改革開放最早不是在上海，可能跟它承擔很多國家責任有關，大量國企扎根上海，尤其今天上海又承接新的國家戰略等，這是上海自身的努力所抓到的機遇，還是國家必須將此賦予上海？您對上海在改革開放 40 週年之際的新任務和新試驗有何看法？

**張維為**：上海一直是中國經濟重鎮，中央對上海的定位非常明確：經濟中心、金融中心、航運中心、貿易中心。現在上海開展的一些改革開放試驗，特別是開放層面的試驗，都在上海先行先試，像自貿區、滬倫通、進博會等，都是沿著這個思路一步步升華。當然，這也跟上海自身的發展有關，換句話說，上海再進一步發展，它的目標在哪裏？中國模式有個很好的地方，就是每隔一段時間就會提出更高的目標，讓你去努力實現。

上海的整個發展過程，進步非常之快，我當時出版的那本書《中國震撼》，實際上不少內容是在講上海震撼。上海有做得好的地方，但很快也會遇到一些自己的問題，比如國企改革等。好在中央做過大量調研後，對上海提出的很多目標，上海總體上完成得不錯，中央也比較滿意，所以願意把很多試驗放在上海。

以自貿區為例，它已經不是過去簡單的開放。開放的大背景是在發生變化的。十八大之前總體是以吸引外資、出口導向為主，大多是工業和商業。現在的開放，明顯就是全方位開放，不僅吸引外資，還要中國資本走出去。從過去五年為尺度來看，實際上走出去的資金比吸引進來的還要多一些，過去是以出口為主，現在進口大幅增加，改善人民生活水平，而且增加進口也有其他好處，其中一個就是人民幣可以走出去，取得定價權。

過去的一些自貿新區更多的是貿易便利化，現在則是貿易自由化，因此在設計上不光是貨物流，還有服務流、資金流、人員流，這些方面都在上海自貿區進行新的試驗。中央對上海的要求是能提供一些可複製的經驗，所以自貿區很快推廣到各個地方，比如"一口受理"，一個地方辦理各種各樣的事情，加快辦證速度；再比如負面清單制度、註冊制，過去很多需要審批、審核的現在改為註冊制，以加強事中事後監管為主等。總體而言，這些試驗還是比較成功的。最近臨港新區相當於是過去自貿新片區的擴大，有了更多新功能，像先進製造業、金融中心的新服務項目。甚至不久前，我還看到上海建航運中心涉及不少爭端解決機制。所以設立海事法庭，也會在新片區實踐。總之，上海有很多新任務都在試驗。

**觀察者網**：不過，外界對於這些新試驗也都抱著誠惶誠恐的態度，不確定今後走向如何，也不知道上海經驗能否在別處被複製。

**張維為**：對的，我想恐怕其中很重要的一個擔憂是金融，其他方面我都不太擔心。上海能否建成一個具有國際競爭力的金融中心？有些緊張。港交所有意向收購倫交所，但倫交所的回應中沒有任何意向，還稱談合作的話更願意和上交所合作。這說明他們更看重能直接與大陸打交道，也證明上海這些年在金融改革方面的進步。上海背後是整個長三角，腹地非常大，再加上今年科創板在上海啟動，國務院副總理劉鶴、證監會主席易會滿、銀保監會主席郭樹清都在上海做了重要講話，提振信心。

我們仔細看上海這些年的變化，中央還是比較滿意的。研發的投入佔上海 GDP 的比例已絕對超過一般的西方國家，超過 OECD（經濟合作與發展組織）成員。這標誌著上海經濟驅動力已經不是純粹靠一般投資，而是靠研發投資，靠新經濟。這也是給中國其他地方帶頭，看能否在新發展理念、整體經濟結構調整方面發揮引領作用。

# 中國崛起走到這個階段，什麼問題都不能迴避

**觀察者網**：您前面多次提到要將中國模式作為參照物，新中國 70 年發展之路上，中國共產黨無疑發揮了巨大作用，您能否概括一下中國共產黨在復興之路上所扮演的角色，以及在今後更漫長的歷史奮鬥中還需做出的自我革新？

**張維為**：中國共產黨最大的特點是，它並非西方意義上的政黨。西方

意義上的政黨是部分利益黨，僅代表某個社會階層、某一個社會的一部分力量或一部分利益。通過票決制競爭，你 51 比 49 就贏了，也就是所謂的法治。但這種政治遊戲在中國的國情下難以適應，因為中國是個超大型的國家，人口規模相當於一百個歐洲國家的人口總和，傳統就是統一的執政集團。所以中國共產黨是統一的整體利益黨，我覺得這是最關鍵之處，跟西方政黨完全不一樣。整體利益黨是"使命黨"，它對國家、對文明的終極命運負責。比如韓國的一個政黨、中國台灣地區的某個政黨，它們不需要負任何終極責任，不負任何終極責任。但中國共產黨的每一個決策，尤其是重大決策，不能犯顛覆性的錯誤。

毛主席過去說，五六十年要趕上美國，否則要開除國籍；鄧小平說要分三步走，一直規劃到 2050 年；習主席提出"兩個一百年"，所以只有整體利益黨、一個文明型國家的政治力量，才會這樣來規劃，因為它對自己文明的復興負終極責任。

更可貴的是，在這種長期的過程中，我們一直都在講改革。值得驕傲的是，中國是全世界的改革專家。過去四十年我們是改革加開放，兩者有機結合、相輔相成。其實，多數國家是沒有改革能力的，因為它們沒有代表人民整體利益的政治力量，這是最關鍵的。但我們一直與時俱進，不停地改革是為了讓自己的工作能做得更好。世界變化太快，要適應這個變化，包括在大學、在各個機構。你會發現一方面進步很快，但另一方面有很多問題，這些問題要怎麼解決？就是靠改革。

**觀察者網：**改革開放初期，中國主要是向西方學習。2008 年奧運會之後，似乎越來越多的中國人開始自信起來，總結中國模式。您怎麼看這種國家心態的轉變？背後的原因是什麼？

　　**張維為**：這是很正常的，一個國家以這樣的規模崛起，在人類歷史上都是罕見的。我經常講這是集四次工業革命為一體的崛起，每隔十來年就是一場工業革命，30 歲或是 30 歲以上的人在中國幾乎全程親眼見證了什麼叫農業文明、什麼叫工業文明、什麼叫信息文明。現在在信息文明方面，我們是走在世界最前列的，一部手機可以全部搞定。這樣的變化給中國帶來了巨大的自信心，這在過去是沒有過的。雖然還有一些公知天天罵自己的國家，但他們的影響力在迅速減弱。另外，這次香港局勢又給大家上了一堂史詩般的道路自信、愛國主義的思政課，效果很好。

　　**觀察者網**：是不是可以這樣理解，就是原本可能存在這樣的聲音，但起初他們不知道如何去發聲，受到壓抑，當有了一個平台或是看到像您這樣的一批人在做這樣的事情後，突然發現自己想表達的情感被講出來了。

　　**張維為**：這背後其實是時代的潮流在推著你往前走。像觀察者網我們這批人的聲音，得到越來越多的人的理解甚至是呼應，應該說越來越成為主流的聲音。比如，我現在做《這就是中國》節目，很多年輕人追劇，我們沒想到這些小孩子看了之後在 B 站給我們打 9.7 分。節目的很多觀眾是 "90 後"，這證明了他們有很多困惑，當你真誠地對待他們的問題，實事求是地回應他們的關切，給他們有溫度、有質量的作品，他們會非常喜歡。

　　**觀察者網**：有時候我們也開玩笑說，張老師做了這個節目之後好像 "出圈" 了。有一些過去不熟悉的、沒有任何交集的觀眾、讀者也在看，年齡層跨度很大。您通過寫書、寫博客、開講座、做節目等各種方式與社會各界有志之士共同為中國話語建設努力。回顧並展望中國話語構建，您有什麼感想和評價？對如今市面上各類中國話語，有什麼看法？

**張維為：**這說明時代呼喚思想，呼喚有質量有溫度的精神產品。我們太需要把中國的一切說清楚，因為中國崛起已經走到了這個階段之後，就會發覺我們什麼問題都不能迴避。很多問題我們要開宗明義地討論，開放式提問，什麼問題都可以討論，你要說"修憲"，我給你講"修憲"；你想談"文革"，我們就討論"文革"；你要講"言論自由、網絡自由"，我就和你探討這些自由，什麼都不迴避。我覺得中國到了這個階段，一定要把這些問題透徹地說清楚，這也就是我們正在做的事情。

就目前來看，我們在解構西方話語方面的成績很大，特別是在政治學和政治領域，坦白說我們已經基本解構完畢，隨時可以亮劍，無須做準備。無論是哈佛大學耶魯大學斯坦福大學還是國內公知，我們都可以辯論，講道理。相比之下，建構方面雖然也做了很多努力，也蠻有成就感，但還有很多的事要做。因為解構相對容易，你把它存在的種種問題說出來就可以了，但建構需要更多努力和精力。

觀察者網：此前外界有一種觀點是，我們應該從怎樣講好中國故事，慢慢發展為怎樣講好中國觀點。如何在國際上表達我們的觀點、主張，甚至設置規則的聲音，您認為在這方面我們還應有什麼作為？

**張維為：**籠統地說，我把這些都歸在中國話語裏面，包括中國觀點、中國標準、中國認知等。這些話語建構也正在慢慢起來，但真正高質量的還不是特別多。以中國標準為例，這個標準不僅要能用來討論中國問題，也可以用來討論世界的問題。我們現在也在做這方面的努力，比如說"實事求是"的中國概念，它既可以講中國，也可以講西方，可以比較；再比如選賢任能，你可以就此建立一個指標體系等。

因為中國於 2020 年完成扶貧，消除極端貧困，我就想到美國的貧困問題，我們用中國的標準來看看美國的貧困問題。根據聯合國報告，按美國的標準，美國有 4000 萬人處於貧困狀態，其中 530 萬是赤貧。這 530 萬人即便按第三世界國家標準，也是嚴重貧困人口。如果以人口比例來看，中國人口是美國的四倍，美國 530 萬赤貧放到中國可能就相當於 2500 萬。這個問題提出來之後，我們就要研究這到底是怎麼回事、嚴重到什麼程度。聯合國已經出了一份報告，我們研究報告的原文，了解許多具體情況。這其實就是嘗試一下能否用中國標準把西方的問題分析得非常清楚，這是中國話語建構的一部分。

## 放眼國際，我們心態可以更平和一些

觀察者網：中國走到這個階段，從"中國崩潰論"到"中國威脅論"，再到重新審視中國的國際角色，外界的認識也在不斷變化，但總有抹不去的偏見和傲慢。我們該如何對外解釋新中國 70 年的改革和發展？西方能聽懂嗎？

張維為：從我個人的視角來看，我們的話語研究成果是外部世界可以看懂聽懂的。我們的概念是國際化的概念，這些工作是很有意義的。我們提出的一些概念，西方社會現在也開始理解和接受。"阿拉伯之冬"這個概念是我自己創造並第一次使用的，現在大家全都接受了。他們知不知道這個概念是張維為創造的，沒關係，但只要他們開始用這個概念，他們對整個問題的理解就比較深入了。再比如"文明型國家"的概念，很多西方學者也都逐漸接受了，只是他們接受的和我解釋的不完全一樣，他們理解的範疇更大了，印度、土耳其、俄羅斯都說自己是文明型國家。

但背後的理念是指出，每個國家都有自己的特點，並不是西方推崇的都要走西方這條路，這是最關鍵的，這一點認知很重要。大家都這麼做的話，我們可以在更好的基礎上對話。我提出"良政和劣政應該代替民主和專制"，接受的人也多起來了。所以，只要你認認真真地投入，切合這個世界的真實需求、真實狀況，就會逐步產生影響力。我希望有更多的學者來做這件事情。這個世界太需要中國人的智慧，通過中國人的分析和觀點把世界上的事情說清楚。

**觀察者網**：您提到這一點，我想起了一個細節，您在演講時提到一個中國概念時，經常會把對應的英文表述也告訴大家。

**張維為**：對，中國話語要走出去的話，現階段確實需要外語，通過各種媒介把它表述出去。

**觀察者網**：其實類似的想法，在一些國外"知華"學者中也有。比如傅高義，他在回應日本經歷泡沫經濟破裂後的社會狀況時曾提出，日本缺少有智慧、有能力、有勇氣，且能在國際場合用外語準確表述自己主張的政治家和學者，事實上我覺得這個觀點即便是放在當下的中國也是講得通的。

**張維為**：是的，我因為長期在國外生活，長期跟西方各種各樣的觀點亮劍交鋒。有些觀點之所以比較有戰鬥力，也跟這個有關係，因為本來就是在辯論和交鋒中產生的。我經常說，提什麼問題都可以，越尖銳越好，我做任何講座都堅持一條，一定要有互動，這是發自內心的自信。一切在於國際比較，當然我也不是說中國已經做得好到天上去了，我們有自己的問題，但將過去數十年中進行跨國比較，中國無疑是全世界最成功的國家。

放眼整個國際，對中國的誤解還是很多。本質上講，我們可以繼續努力，但我們心態應該放得平和一點。西方社會因為自身的宗教傳統和意識形態傳統，要想讓它完全接受我們的觀點是很難的，你再怎麼努力，到了這個限制就跟過不去的坎一樣。但同時，我也認為西方是最承認實力的。如果它最後覺得"哇，你就是這樣"，它沒有辦法了，那麼即使不理解也只能接受你。就像中美貿易戰，不要害怕，美國將輸掉這場貿易戰。美國人有一個特點，英文叫 "If I can't beat you, I join you"，中文是"如果不能打敗你，我就加入你"。美國是個商業民族，這是刻在基因裏的文化，你比它弱，它就拚命欺負你，一旦發覺鬥不過你，它就加入你，跟著你走。

**觀察者網**：您講了這麼多關於自己、國家這些年來走過的路程，最後請您總結一下新中國 70 年發展能為全球治理提供什麼重要借鑒，尤其是當下自由主義多元化與保守主義對抗零和之間的角力？當然也要請您展望今後的中國。

**張維為**：這個題目有點太大了，我就簡單總結一下自己的感受。新中國前 30 年，是三十而立，最大的特點是奠定了基本的政治制度，包括人民代表大會制度、政治協商制度、基本經濟制度等。隨著中國的成功，我們發現這些政治制度非常重要，並不斷完善。此外還奠定了基礎的工業體系，雖然是初步的，還進行大量社會革命，婦女解放、土地改革和基礎教育的普及，這都是前 30 年做的事情。如果沒有建立這一系列獨立的體系，就沒有後 40 年的崛起。

但是我們要承認，40 年前依照國際標準來看，中國是一個窮國，全國人均 GDP 低於非洲。一直到 20 世紀 70 年代，我們講"結婚三大件"，就是縫紉機、手錶和自行車，縫紉機就是為了補衣服，"新三年，舊三年，縫縫補補又三年"。整體生活水平還比較低。我在 20 世紀 80 年代初去曼谷也好，去非洲也好，很多國家的首都都比北京更現代化。從 1978 年改革開放開始，我稱之為"四十而不惑"，經過 40 年時間，一次接一次工業革命之後，中國找到自己成功的道路，真的可以做到一覽眾山小。

我一直講，今天我們用中國制度、模式和道路來看西方，甚至看香港地區，它們的問題在哪裏？我們自己當然也有不足，但我們一直在改革，可以通過改革解決。在 70 年歷史新的起點上，中國可以非常自信，不是說我們好到天上去了，但是我們做到了別人做不到的很多壯舉。中國是全世界最大的經濟體（根據購買力平價），創造了世界最大的中產階層，成為世界最大的外匯儲備國，向全世界輸出最多的遊客，關鍵還有世界最大的有產階層，這是過去難以想象的。所以，中國故事真的非常精彩。

## 致謝

　　大約半年前，東方出版社黃娟主任告訴我，許多年輕人喜歡我的思考和文字，她安排編輯從我這些年的文稿中精選了這些文字成冊，還配上了精美的插圖，令人感佩之至。謹在此向黃娟女士和責任編輯郭建霞誠致謝意！謹以這篇介紹自己研究中國道路歷程的訪談作為本書的代後記，並向所有關注中國道路和中國話語的讀者，特別是青少年讀者親切致意！讓我們與邁入新百年的新中國同行，一起邁向世界舞台的中央！

張維為

2020 年 10 月 30 日於澱山湖畔